# KUCHEN & TORTEN

Oda Tietz

# KUCHEN & TORTEN

Mit über 110 Rezepten,
exklusiv fotografiert von
Wolfgang Feiler

SIGLOCH
Edition

FEINSTER
ZUCKER

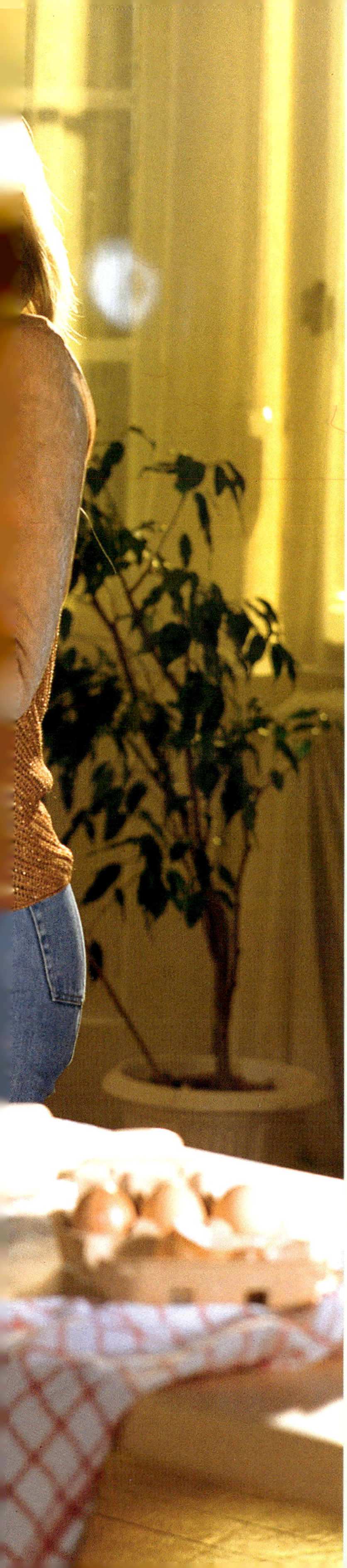

# INHALT

# Ein köstlicher Dreiklang

*Teig, Belag und Dekoration, dies sind die drei Grundtöne eines köstlichen Dreiklangs. Wir stimmen uns hier mit ein wenig „Küchenpoesie“ ein, doch sehr bald folgen praktische Anleitungen und viele Tipps.*

*Zum Bild auf Seite 4: Die beiden jungen Damen geben in ihrem Tun die Richtung vor, in die unser Buch weisen will: Mit guten Zutaten und dem geeigneten Küchenhandwerkzeug gelingt auch Backwerk, das nicht jeden Tag auf dem Plan steht.*

Was gibt es Schöneres als diesen köstlichen Dreiklang von feinem Teig, aromatischem Belag und lieblicher Dekoration, der Auge, Gaumen und Nase erfreut und immer wieder aufs Neue die Kaffeetafel ziert?! Den verlockenden, knusprigen Kuchen, den hauchzarten, kunstvoll verzierten Torten und Törtchen, den duftenden Schnecken und Hörnchen zu widerstehen ist eine Kunst.
Keine Kunst dagegen ist: das Backwerk mit Lust und Liebe herzustellen. Wer gern rührt, knetet, ausrollt, aussticht, füllt, bestreicht, bepinselt, garniert, kommt voll auf seine Kosten. Fingerspitzengefühl und Phantasie sind gefragt! Denn Backwunder sind immer noch steigerungsfähig. Und wenn wundersamer Duft aus dem Backofen strömt, wird die Vorfreude auf Lukullisches größer und größer und größer …
Verlockendes, festlich dekoriertes Backwerk ist stets für eine Überraschung gut. Es verspricht süßen Genuss, ziert die Kaffeetafel und grüßt auf liebevolle Art und Weise, wenn es als Geschenk auf Reisen geht. Fordert das Backwunder zu Bravorufen oder staunendem „Ah“ und „Oh“ heraus – weiß man, dass der Ausflug ins Schlaraffenland ein Treffer war. Vergessen sind dann Mühe und Ausdauer, ohne die es bei den verführerischen Glanzstücken selten geht. Mit den besungenen sieben Sachen – „Eier und Schmalz, Butter und Salz, Milch und Mehl – Safran macht den Kuchen gehl“ – kommen die Meisterwerke der kulinarischen Bühne nicht aus. Denn zur Starbesetzung der „Sieben“ gesellen sich weitere Zutaten wie Schlagsahne, Mandeln, Quark, Mohn, Kakaopulver, Zimt, Vanille, Gelatine, Früchte, Rum, Konfitüren, Gelees, Pralinen, verzuckerte Blüten und Früchte und vieles mehr.
Zum guten Gelingen gehören jedoch noch etliche Zutaten, die nicht aus dem Supermarkt kommen, ja, die nicht mal käuflich sind: Poesie, Mut, Muße, Fingerspitzengefühl, Freude, Neugier und Improvisation. Wer Phantasie und gute Zutaten in die Küche lässt, für den ist aller Anfang leicht, er schafft kleine Meisterwerke, die für den Gaumen zum Erlebnis werden und zu weiteren kulinarischen Höhenflügen anspornen.
Machen Sie es zum Beispiel mal wie die Altvorderen. Sie verstanden sich auf den virtuosen

Umgang mit Aromen und Dekorativem. Sie parfümierten ihre Paradestücke mit Blumenduft – gaben ihnen damit eine Note von 1001 Nacht – und schmückten sie für den kulinarischen Auftritt mit kandierten Rosen-, Veilchen-, Holunder-, Nelken-, Mohn- oder Borretschblüten. Sie wussten, dass Blumen und Blüten Backwerke unwiderstehlich machen und zugleich Frühlings-, Sommer- und Liebesboten sind. Backen und Garnieren ist eine Kunst, die jeder kann. Nichts macht mehr Spaß, als sich der Zuckerbäckerei zuzuwenden (es sind die Klugen, die es gleich mal versuchen!). Sie ist nun mal ein Hauptzweig der 5 schönen Künste – ihr dicht auf den Fersen folgen die Malerei, Bildhauerei, Musik und Architektur.

*Den Verlockungen des Konditor(kunst)handwerks zu widerstehen, ist zwecklos. Drehen wir den Spieß doch einfach um und holen uns bei den Profis Anregungen für die eigene Küchenpraxis. Wenn dann der Vorrat an Ideen aufgebraucht ist, geht man wieder ins Café, genießt ein, zwei oder drei Stücke.*

*Es ist anzunehmen, dass E.T.A. Hoffmann beim Verfassen seines Märchens stets das Schlaraffenland vor seinem inneren Auge hatte. Bereits in der Antike taucht dieses Motiv auf, von dem Land, in dem nicht nur Milch und Honig fließen, sondern allenthalben Überfluss an schmackhafter Nahrung herrscht.*

Das Buch bietet zarte, knusprige, schaumgeborene und eisige Kreationen mit fruchtigem Belag und raffinierten Füllungen, die phantasievoll und farbenfroh herausgeputzt wurden. Wer sich in den einzelnen Kapiteln Anregungen holen will, dem wird es bald so ergehen wie der kleinen Demoiselle Stahlbaum in E.T.A. Hoffmanns wunderschönem Märchen „Nussknacker und Mausekönig“. Nachdem sie in Begleitung des Nussknackerprinzen den Orangenbach, Honigstrom, Konfitürenhain, Bonbonhausen und den Rosensee bestaunt hatte, gelangte sie in die Hauptstadt Konfektburg. „Alle Häuser ringsum waren von durchbrochener Zuckerarbeit, Galerie über Galerie getürmt, in der Mitte stand ein hoher überzuckerter Baumkuchen als Obelisk und um ihn her sprühten vier sehr künstliche Fontänen, Orsade, Limonade und andere herrliche süße Getränke in die Lüfte; und in dem Becken sammelte sich lauter Creme, den man gleich hätte auslöffeln mögen.“
Zum Glück braucht man heutzutage nicht auf eine Einladung ins Märchenland zu warten. Den Wunsch nach Creme, feinen Kuchen und Torten kann man sich, wann immer man will, in der eigenen „Konfektburg“, die schlicht Küche heißt, erfüllen. Voller Heiterkeit können Genießer (denn sie wissen!) mit dem großen Gourmet Jean Anthèlme Brillat-Savarin die Vorfahren beklagen, die all die Delikatessen, die heute selbstverständlich sind, nicht einmal erahnen konnten: „Ihr, Urahnen des menschlichen Geschlechtes! Deren Gourmandise berühmt geworden, da ihr für einen Apfel euch ins Elend stürztet. Aber in eurem höchst irdischen Paradiese gab es leider weder Koch noch Konditor. Wehe euch!
Aspasie! Chloé! Und alle ihr, deren Formen der Meißel der Griechen zur Verzweiflung aller Schönen von heute verewigt hat! Nie schlürfte euer reizender Mund die Süße einer vanillierten Meringue, kaum habt ihr euch zu Pfefferkuchen erhoben! Wehe euch! Holde Vestalinnen! Gelockt mit so viel Ehren, umdräut von solchen Martern! Ach, hättet ihr zumindest jene süperben Sirops gekostet, die die Seele erfrischen, jene Konfitüren, die die Jahreszeiten überdauern, jene wohlriechenden Cremes, Wunder der Neuzeit! Wehe euch! Stolze Ritterfrauen! Die ihr in Ermange-

lung eurer kreuzesfahrenden Gatten indes dem Pfaffen oder dem Pagen eure Gunst geschenkt! Nie konntet ihr mit euren Favoriten das reizende Biskuit verzehren oder die süße Makrone! Wehe euch!“

Wir können Brillat-Savarins köstliche Klage zweifellos als Loblied auf den Zucker verstehen. Und der war bis vor etwa 250 Jahren wahrlich ein Luxusartikel. Von diesem hohen Sockel herunter kam er in einem ersten Schritt, als sich Frankreich Kolonien in der Karibik und anderen tropischen Gebieten sicherte. So kam man an das begehrte Zuckerrohr-Produkt heran. Als dann Mitte des 18. Jahrhunderts das Verfahren zur Zuckerherstellung aus Rüben, die auch in unseren Breiten sehr gut gedeihen, erfunden war, wurde Zucker immer erschwinglicher.

In diesem Sinne viel Spaß beim Backen, Füllen, Dekorieren, Experimentieren, vor allem aber beim Genießen!

*Eingangs war von einem kulinarisch aufgefassten Dreiklang die Rede. Angesichts solch eines Lächelns könnte einem der Vergleich mit einer ganzen Sinfonie einfallen. Offenbar ist es den beiden, die sich sichtlich zumindest sympathisch sind, aber nicht gleich, wo sie gerade sitzen: bei einem guten Stück Kuchen oder Torte zum Kaffee.*

# Wie begonnen, so gewonnen

*Die Frische der Eier lässt sich auch überprüfen, indem man das Ei in ein Glas mit kaltem Wasser legt. Sinkt das Ei auf den Boden, hat es die für den Teig gewünschte Qualität.*

Vor Backbeginn sollten die Zutaten abgewogen werden – beim Backen kommt es auf Genauigkeit an! – und die Zutaten sollten in Reichweite stehen. Immer nach der Devise: Das Beste ist gerade gut genug. Und die Zutaten sollten, falls nicht extra angegeben, die gleiche Temperatur haben.
Nicht vergessen: den Backofen 15 Minuten vorheizen.

**Butter, Eier** und **Sahne** sollten frisch und von bester Qualität sein.
Sahne sollte mindestens 30 % Fettgehalt haben, denn dann ist sie standfester und voluminöser. Die in den Rezepten angegebenen Eier entsprechen der Gewichtsklasse 2 (65–70 g). Eier dienen dem Backwerk als Bindemittel und geben ihm Glanz, Farbe und Nährwert. Weil sie aber zu den leicht verderblichen Lebensmitteln zählen, sollten sie, bevor man sie an den Teig gibt, über einer Tasse aufgeschlagen werden. Hat das Eigelb eine kugelige Form und ist das Eiweiß dickflüssig, ist das Ei frisch.

Soll Eiweiß zu Schnee geschlagen werden, muss darauf geachtet werden, dass die Arbeitsgeräte sauber und vor allem fettfrei sind. Beim Schlagen sollte die Prise Salz nicht vergessen werden. Sie macht das Eiweiß geschmeidiger. Mit Eischnee zubereitete Teige nicht stehen lassen, sondern sofort in den Backofen schieben.

**Salz** und **Zucker** sind immer dabei. Der Zucker hat selbstverständlich das Übergewicht. Glücklicherweise ist dieser wichtige Geschmacksträger dank der Entwicklung des Rübenzuckers im 19. Jahrhundert kein Luxusartikel mehr, sondern reichlich vorhanden. Für die Rezepte wurden feiner Raffinade-Haushaltszucker und Puderzucker (für Zuckerglasuren unentbehrlich!) verwendet. Puderzucker stets sieben!

**Weizenmehl** – gut geeignet ist das fast schneeweiße Auszugsmehl (Type 405) – sollte stets gesiebt dem Teig zugegeben werden. Dann ist es aufgelockert – Teig braucht Luft! – und verbindet sich daher leichter mit den übrigen Zutaten. Bei Vorratshaltung ist darauf zu achten, dass das Mehl trocken gelagert und vor Fremdgerüchen geschützt wird.

**Stärkemehl** wird aus Kartoffeln, Reis, Mais oder Weizen gewonnen. Bei Biskuitmasse ist es gern gesehen, denn es macht den Teig feinporig und zart.

**Backpulver,** das weiße Wunderpulver, das Backwerke hebt und luftig-locker werden lässt, ist einem Apotheker namens Dr. August Oetker (1862–1918) zu danken. Als Sohn eines Bäckermeisters erkannte er: Erleichterung und Zeitersparnis am Herd tut Not. Er optimierte vor gut hundert Jahren (1891) das inzwischen unentbehrliche Triebmittel. Es sollte trocken und kühl aufbewahrt werden. Bevor es an den Teig kommt, wird es mit Mehl vermischt.

**Gelatine** ist neutral im Geschmack. Für das Backwerk wurde Blatt-Gelatine gewählt, die im Handel farblos oder rot gefärbt angeboten wird. Die Blätter werden in kaltem Wasser eingeweicht, ausgedrückt und in etwas erwärmter Flüssigkeit aufgelöst. – Achtung: nie zu stark erhitzen, sie verlieren sonst die gelierende Wirkung!

***Tipp:***
*Mehl reagiert nicht immer gleich. In einem Jahr ist es feuchter, im nächsten trockener. Das hängt immer vom Witterungsverlauf vor der Getreideernte ab. Sie müssen daher damit rechnen, dass die Mengenangaben insbesondere der flüssigen Teigzutaten wie Milch, Öl oder Eier nur durchschnittliche Werte sind. Daher achten Sie bitte auch darauf, wie die gewünschte Beschaffenheit des Teigs sein soll.*

# Viele Teige gegen das Einerlei

**Biskuitteig** ist eine federleichte Masse aus Eiern, Zucker und Mehl.
Der Teig braucht viel Luft! Deshalb muss die Masse ausdauernd geschlagen werden. Die Reihenfolge bei der Zubereitung kann man sich leicht merken:
Zuerst die Eier, getrennt oder im Ganzen, dann Zucker, zuletzt das Mehl, dem eventuell Kakaopulver, Backpulver oder gemahlene Nüsse oder Mandeln beigegeben werden. Sieht das Rezept Butter vor, gibt man sie flüssig, aber abgekühlt zur Schaummasse. Wichtig ist, dass der Teig nicht gerührt wird. Die Zutaten nur vorsichtig unterheben! – Und: Der Teig muss sofort nach der Zubereitung in den Backofen geschoben werden. Er fällt sonst zusammen.

**Baiser,** das zarte Knusperbackwerk, ist ein Schaum-Traum aus getrocknetem Eiweiß und Zucker. Gibt man der Baisermasse, auch Meringue genannt, einige Spritzer Zitronensaft zu, wird die Masse stabiler (und das Backrisiko geringer). Achtung: Baisermasse verabscheut Fett. Küchengeräte, mit der sie in Berührung kommt, müssen deshalb gut gereinigt sein!
Baisermasse kann man nach Belieben mit Pulverkaffee (Instant), gemahlenen Haselnüssen oder Mandeln – aber in Maßen, denn beide enthalten Fett – oder mit geriebener Schokolade verfeinern. Mit Obst und Schlagsahne feiern aus der Masse entstandene Tortenböden oder Baisers, die auch Busserl heißen, eine Traumhochzeit nach der anderen.

**Mürbteig** wünscht kalte Zutaten, viel Butter, wenig Eier – sie machen ihn hart – und kräftige Hände, die gut kneten können. Anschließend will er sich mindestens 30 Minuten im Kühlschrank ausruhen. Der Teig kann mit Mandeln oder Haselnüssen verfeinert werden. Mürbteig schmückt sich gern mit Früchten, Quark oder Mohn.

**Hefeteig:** Er ist leicht und locker, die Herstellung sehr einfach, wenn man beachtet, dass frische Hefe keine Zugluft mag, unmittelbare Berührung mit Salz verübelt, denn es entzieht den Hefezellen die Feuchtigkeit. Hefe verübelt auch unmittelbare Berührung mit Fett – es verhindert, dass Hefezellen sich vermehren, mag keine zu heiße Flüssigkeit, denn sie würde die Hefebakterien abtöten, oder kalte Flüssigkeit, sie würde die Entwicklung der Triebkraft verringern. Die Folge wäre, dass der Teig nur sehr langsam aufgeht.
Süßungsmittel unterstützen die Triebkraft der Hefe. Alle Zutaten sollten die gleiche, am einfachsten Zimmertemperatur haben. Vorteig und Teig brauchen genügend Zeit und Ruhe zum Aufgehen – zugedeckt an einem warmen Ort von 20 bis 30 °C. Wichtig: Hefeteig gut durchkneten!

*Am Beispiel des Rezepts Milchzopf von S. 38 lässt sich Schritt für Schritt veranschaulichen, wie ein Hefeteig auf Anhieb gelingen kann: Oben „schafft" der Vorteig aus Hefe, Zucker und in diesem Fall lauwarmer Buttermilch – für andere Hefeteige nimmt man Wasser oder normale Vollmilch. Dieser Brei ruht in einer Mulde inmitten des gesamten Mehls, das später verarbeitet wird. Das zweite Bild zeigt die erhebliche Volumenzunahme desselben Teigs, nachdem er gegangen ist. Erneutes Durchkneten auf Mehl steht vor dem letzten Schritt, bei dem das Backwerk geformt wird, ein Zopf aus drei gleich langen Strängen Teig (unterstes Bild). Für das fertige Ergebnis müssen Sie jetzt erst einmal blättern – und dann selbst zu Werke gehen.*

**Konfitüren** – und da meine ich generell die festeren, wie es selbst gemachte zumeist sind – sollte man vor dem Aufstreichen durch ein Sieb geben.

Bei der Zubereitung von **Buttercreme** ist darauf zu achten, dass Butter und Pudding die gleiche Temperatur haben, weil die Creme sonst gerinnt.
**Sahnefüllungen** brauchen einen Stabilisator: entweder Blattgelatine oder das im Handel erhältliche Sahnesteif.
Und wenn die Kuchen oder Torten mit Gelatine und Creme fertig sind, sollten sie mindestens 2 Stunden gekühlt werden. Beim Anschnitt läuft sonst leicht etwas davon.

***Tipp:***
*Jeder Backofen arbeitet anders. Die Temperaturen am Drehschalter müssen mit der im Ofen nicht immer zu hundert Prozent übereinstimmen. Deshalb ist auch hier Fingerspitzengefühl gefragt und notfalls ein Abweichen von den Angaben im Rezept. Ebenso kann es nötig werden, einen Kuchen rechtzeitig abzudecken, zum Beispiel mit Aluminium-Folie oder einem zweiten Backblech. Denn in einem gut „feuernden“ Ofen kann die Oberfläche bereits nach 15 oder 20 Minuten sich kräftig verfärben, während das Innere noch einmal rund 20 bis 25 Minuten braucht, bis es durchgebacken ist.*

***Tipp:***
*Wird Trockenhefe verwendet, entfällt die Zubereitung des Vorteiges. Die Trockenhefe wird mit gesiebtem Mehl vermischt und mit den restlichen Zutaten zu einem Teig verknetet. Ein Beutel Trockenhefe enthält 7 Gramm, das entspricht 25 Gramm Frischhefe.*

**Praktische Hinweise**
***Tipp:***
*Ein Tortenboden kommt selten allein! So zerlegt man ihn in Schichten: Die glatte Seite ist oben. Dann markiert man mit einem spitzen Messer die einzelnen Schichten, indem man ringsum 1 Zentimeter tief einschneidet. In den Einschnitt wird ein Zwirnsfaden gelegt. Die Enden werden über Kreuz gehalten. Dann wird mit dem straff gezogenen Faden das Backwerk durchgeschnitten und die durchtrennte Schicht vorsichtig abgehoben. Damit sehr dünne Böden nicht zerbrechen, hebt man sie mit Papier ab, indem man Papier zwischen die Schichten schiebt.*

# Verzuckerte Blüten und Blumen



Geeignet sind vielerlei Arten, sodass während des gesamten Frühlings und Sommers Ihrer Phantasie keine Grenzen gesetzt sein sollten.

**Gänseblümchen** (Bellis perennis) zieren vielerlei Backwerk und haben einen nussartigen Geschmack. Kandiert schmecken sie wie Marzipan.

**Holunderblütendolden** (Sambucus nigra) sind kandiert eine schöne Dekoration auf Torten und Bleckuchen. Die Blüten – frisch gepflückt oder auch getrocknet – liefern Brot- und Kuchenteigen feines Aroma.

**Löwenzahnblüten** (Taraxacum officinale) Blüten und junge Blütenblätter schmecken nach Honig und zieren kleines Backwerk.

**Kornblumen** (Centauria cyanus) sehen auf Backwerk zauberhaft aus. Ihr Geschmack ist nicht sehr ausgeprägt.

**Mohnblumen** (Papaver rhoeas) sind eine leuchtend schöne Dekoration auf Backwerk. An Aromen liefern sie wenig.

**Borretschblüten** (Borago officinalis) haben einen fruchtigen Geschmack und passen zu Obstkuchen und deftigem Backwerk.

**Lavendelblüten** (Lavendula angustifolia) verlangen sparsamen Umgang, denn der Geschmack ist intensiv. Sie passen zu Kuchen und Torten.

**Luzerne** (Medicago sativa), auch Schneckenklee genannt, passt gut zu deftigen Blechkuchen.

**Begonien** (Begonia semperflorens) mit dem säuerlichen Aroma passen gut zu Obsttorten; siehe auch Rezept S. 156.

**Chrysanthemenblütenblätter** (Chrysanthemum coronarium) oder Salat-Chrysantheme eignen sich für deftiges Backwerk.

**So werden Blüten verzuckert:**
*1 bis 2 Eiweiß leicht mit einer Gabel verschlagen. Die Blüten mit Hilfe einer Pinzette in das Eiweiß tauchen, das überflüssige Eiweiß abschütteln. Dann die Blüten in ein Zuckerbett aus feinem Kristallzucker geben (keinen Puderzucker verwenden!) und mit Zucker bestreuen. Im Zucker trocknen lassen. Man kann die verzuckerten Blüten auch im vorgeheizten Backofen bei 50 °C trocknen lassen. Dabei die Ofentür spaltbreit geöffnet lassen.*

**Dahlienblütenblätter** schmecken leicht säuerlich. Verzuckert sind sie eine hübsche Dekoration auf Kuchen und Torten.

**Passionsblumen** (Passiflora caerulea, Passiflora incarnata) schmücken Torten und liefern ein feines Aroma.

**Jasminblüten** (Jasminum officinale) geben nicht nur ein feines Aroma, sie sind auch ein schöner Blickfang auf Torten.

**Levkojen** (Matthiola incana) sehen verzuckert besonders schön auf Festtagstorten aus.

**Kapuzinerkresseblüten** (Tropaeolum majus) haben einen leicht pfeffrigen Geschmack (wie die Blättchen) und sind eine schöne Zierde auf pikantem Backwerk.

**Magnolien** (Magnolia hypoleuca, Magnolia denudata, Mag-nolia x thompsoniana) sind verzuckert eine Zierde auf Backwerk.

**Malven** (Malva moschata, Hibiscus syriacus) sind eine schöne Dekoration auf festlichem Backwerk. Das Aroma ist unauffällig.

**Nelken** (Dianthus „Telstar“) sind verzuckert geeignet für Kuchen und Torten.

**Reseda** (Reseda odorata) haben ein säuerliches Aroma und passen pur oder verzuckert gut zu Obsttorten.

**Ringelblumen** (Calendula officinalis) mit mildem Aroma zieren deftige Kuchen.

**Robinien** (Robinia x slavinii „Hillieri“) haben ein süßes Aroma und passen zu Obstkuchen und Obsttorten.

**Rosen** – alle Sorten und Größen sind essbar und vorzüglich zum Garnieren von Kuchen und Torten geeignet.

**Stiefmütterchen** (Viola tricolor) zieren Torten und Törtchen.

**Trompetenblumen** (Campsis radicans) haben ein süßes, würziges Aroma und passen zu vielerlei Backwerk.

**Veilchen** (Viola odorata) zieren in Zuckerrüstung Pralinen und vielerlei Backwerk.

**Sellerieblüten** (Apium graveolens) zieren deftige Blechkuchen.

Für den Verzehr eignen sich nur ungespritzte Blumen und Blüten.

***Tipp:***
*Verzuckerte Früchte, zum Beispiel Johannisbeeren, Erdbeeren, Himbeeren, Brombeeren oder Weinbeeren, sind ein schöner Schmuck auf Backwerk. Dafür die Früchte in verquirltes Eiweiß tauchen und rundum mit feinem Zucker bestreuen. Auf Backpapier zum Trocknen legen.*

# Pralinen

*Auf den ersten Blick haben Pralinen mit dem Thema Backen nicht viel zu tun. Doch wenn Sie manche kunst- und geschmackvoll dekorierte Torte ansehen, wird klar, weshalb hier diese kleine Rezeptsammlung steht.*

## NOUGAT-PRALINEN

100 g bittere Schokolade, 200 g Nougat, 30 g Butter, 150 g Mandelstifte, 2 EL Rum

Schokolade und Nougat zerkleinern und unter Rühren im heißen Wasserbad schmelzen. Butter, Mandeln und Rum einrühren. Mit zwei Teelöffeln kleine Häufchen auf eine Glasplatte setzen und erstarren lassen.

## INGWER-PRALINEN

3 EL Kokosraspel, 1 EL Ingwer-Konfitüre, 1 EL Weinbrand, 250 g Vollmilchkuvertüre, 50 g Kokosfett, 125 g halbbittere Kuvertüre, 50 g kandierter Ingwer

Die Kokosraspeln goldbraun rösten und auskühlen lassen. Mit Konfitüre und Weinbrand verrühren. Die Kuvertüre und das Fett zerkleinern, im heißen Wasserbad unter Rühren schmelzen, anschließend kalt rühren. Dann leicht erwärmen, die Kokosraspeln unterrühren. 3 Stunden kalt stellen.
Kleine Kugeln formen. Die halbbittere Kuvertüre zerkleinern, im Wasserbad schmelzen, auskühlen lassen. Wieder leicht erwärmen (auf 34 °C). Aus der Pralinenmasse kleine Kugeln formen, mit Hilfe einer Pralinengabel in die bittere Kuvertüre tauchen und auf Alufolie setzen. Den Ingwer klein schneiden, die Pralinen damit garnieren.

## TRÜFFEL

100 g Butterschmalz, 150 g Zartbitterschokolade, 100 g Puderzucker, 150 g geriebene Mandeln, 4 EL Eierlikör, 1 EL Kakaopulver

Das Butterschmalz erwärmen, die zerkleinerte Schokolade zugeben und unter Rühren zum Schmelzen bringen. Vom Herd nehmen. Puderzucker und Mandeln einrühren. Die Masse auskühlen lassen, den Eierlikör einrühren. Mit kalten Händen aus der zimmerwarmen Masse kleine Kugeln formen, in Kakaopulver wälzen und kalt stellen.

## CROSSIS

3 Tafeln bittere Schokolade, 2 Tafeln Vollmilchschokolade, 75 g Kokosfett, 1 EL Butter, 1 Päckchen Vanillezucker, 150 g Kokosraspeln, 150 g Cornflakes

Die Schokolade zerkleinern, Kokosfett und Butter zugeben, alles im heißen Wasserbad unter Rühren schmelzen. Vanillezucker, Kokosflocken und Cornflakes unterrühren. Mit 2 Teelöffeln kleine Häufchen auf Alufolie oder auf eine Glasplatte setzen und kalt stellen.
**Variante:** Anstelle von Kokosraspeln kann man auch geröstete Mandelblättchen nehmen.

## MANDELPFLAUMEN

2 Dutzend entsteinte Dörrpflaumen, 1 Gläschen Kirschwasser, 3 EL geriebene Mandeln, 2 EL gemahlene Pistazien, 3 EL Zucker, ½ TL abgeriebene unbehandelte Zitronenschale, 2 EL Rum, 1 Eiweiß, 150 g Vollmilchkuvertüre

In die Schnittfläche der Pflaumen etwas Kirschwasser geben. Mandeln, Pistazien, 1 EL Zucker, Zitronenschale und Rum verrühren. Die Masse in die Pflaumen füllen. Das Eiweiß schlagen, die Pflaumen eintauchen und anschließend in dem restlichen Zucker wälzen. Die Kuvertüre zerkleinern, im heißen Wasserbad schmelzen lassen. Auskühlen lassen. Nochmals leicht erwärmen (auf 34 °C). Die Pflaumen mit Hilfe einer Pralinengabel in die Kuvertüre tauchen und auf Alufolie setzen. Kalt stellen.

## MOKKAPRALINEN

100 g Zucker, 2 Eigelb, 50 g Butter, 1 EL Schlagsahne, 6 EL gebrühter Mokka, 1 Päckchen Vanillezucker, 200 g zartbittere Schokolade, 150 g Vollmilchkuvertüre, 50 g geraspelte bittere Schokolade

Zucker und Eigelb verrühren und im heißen Wasserbad erwärmen. Butter, Sahne, Mokka und Vanillezucker zugeben und leicht erhitzen. Die Schokolade zerkleinern und zugeben. Alles glatt rühren. Die Masse 1 cm hoch in eine mit Pergamentpapier ausgelegte Form füllen und fest werden lassen. Mit kleinen Ausstechförmchen Pralinen ausstechen. Kalt stellen.
Die Vollmilchkuvertüre zerkleinern, im heißen Wasserbad schmelzen, auskühlen lassen. Nochmals erwärmen (auf 34 °C), die Pralinen mit Hilfe einer Pralinengabel in die Kuvertüre tauchen und mit geraspelter Schokolade verzieren.

*Mit ruhiger Hand und Phantasie lassen sich Ornamente aller Art aus Kuvertüre formen – und sogar Blätter überziehen. Das Rezept dazu steht auf Seite 24/25.*

*Für Garnituren ist eine Marmorplatte empfehlenswert. Die glatte, kratzfeste Oberfläche erleichtert das Herstellen von Schokoladenfiguren und Pralinen. Auf dem kalten Stein kühlt alles rasch und gleichmäßig ab und lässt sich gut abheben. Außerdem ist die Platte problemlos sauber zu halten. Eine Ausweichmöglichkeit bietet das Backblech. Allerdings darf es keine Dellen und Kratzer haben!*

## FRUCHTPRALINEN

400 g weiße Kuvertüre, 50 g weiche Butter, 50 g Puderzucker, 125 g Orangenkonfitüre, 2 EL Orangenlikör, 200 g halbbittere Kuvertüre, Mokkabohnen (Fertigware) zum Verzieren

Die weiße Kuvertüre zerkleinern und im heißen Wasserbad schmelzen. Butter und Puderzucker schaumig schlagen. Die weiße Kuvertüre nach und nach unterrühren. Die Konfitüre und den Likör zugeben, glatt rühren und 2 Stunden kalt stellen.
Mit 2 Teelöffeln kleine Nocken abstechen und auf Alufolie setzen. Über Nacht kalt stellen.
Die halbbittere Kuvertüre zerkleinern, im heißen Wasserbad schmelzen, auskühlen lassen. Leicht erwärmen (auf 34 °C). Mit einer Pralinengabel die Nocken in die dunkle Kuvertüre tauchen, auf Alufolie setzen, Mokkabohnen obenauf setzen. Kalt stellen.

SOEHNLE
0-100g = 2g
0 20 50 100 150 200 250

*Ein Hauch Nostalgie haftet ihnen in jedem Fall an, den aus Marzipan geformten Blüten, Früchten, Blättern, Herzchen oder Hasen. Nicht zu oft als Überraschungseffekt eingesetzt, werden sie ihre Wirkung aber auf keinen Fall verfehlen.*

## MARZIPANROSEN

400 g Marzipanrohmasse, 200 g Puderzucker

Die Marzipanrohmasse in eine Schüssel geben, den Puderzucker aufsieben, beides gut verkneten, zwischen zwei Lagen Frischhaltefolie dünn ausrollen, mit den Händen einzelne Blütenblätter formen und zu einer Blüte zusammensetzen.
Wer rote oder rosa Rosen haben möchte, kann zur Marzipanmasse 1 bis 2 Tropfen rote Lebensmittelfarbe geben. Wenn man grüne Blätter und Blütenstiele anlegen möchte, fügt man einem Teil der Marzipanmasse 1 bis 2 Tropfen grüne Lebenmittelfarbe zu und formt daraus Blätter und Ranken. Auch Früchte oder Figuren wie Osterhasen oder Küken lassen sich aus Marzipan bereiten.

***Tipp:***
*Nach Belieben kann man der Marzipanmasse einige Tropfen Rosenwasser (s. S. 34) zugeben.*

Marzipanrohmasse ist für Schmuckelemente oder als schützender Torten-Mantel (es verhütet vorschnelles Austrocknen) geeignet. Für Glasuren bildet die aus enthäuteten, gemahlenen Mandeln und Puderzucker hergestellte Masse eine gute Grundlage. Damit die Marzipanmasse sich gut formen lässt, vermischt man sie mit Puderzucker. Man rechnet auf 200 Gramm Marzipanrohmasse etwa 100 Gramm Puderzucker. Gibt man der Masse einige Tropfen Speisefarbe zu, lassen sich grüne Blätter, rote oder gelbe Rosen, Früchte, Sonnen oder Monde herstellen.

Geraspelte Kokosnüsse sind für Tortenschmuck oder für die Pralinenherstellung geeignet. Zu lange lagern sollte man sie nicht, sie verlieren rasch ihr Aroma und werden ranzig. Besonders bei geöffneten Packungen ist rascher Verbrauch zu empfehlen.

***Tipp:***
*Gehackte oder gemahlene Pistazien (grüne Mandeln) – die angenehm Süßen aus dem östlichen Mittelmeerraum – bilden einen hübschen Farbkontrast auf Schlagsahne.*

# Schokoladenguss aus Kuvertüre

## SCHOKOLADENGUSS AUS KUVERTÜRE

Die Kuvertüre zerkleinern und über dem Wasserbad bei geringer Hitze (34°C) schmelzen.
Bekommt Kuvertüre zu viel Hitze, kann sie krümelig werden. Besonderen Glanz bekommt sie, wenn sie nach dem Abkühlen ein weiteres Mal zum Schmelzen gebracht wird. Dann die Kuvertüre mit einer Kelle auf die Torten- oder Kuchenmitte geben und mit einem Spatel gleichmäßig verstreichen und über den Rand ziehen.

### Varianten:

Mit Kuvertüre kann man kleine Kunstwerke zaubern: Eine dünne Schicht geschmolzene Kuvertüre auf eine kratzfeste Unterlage gießen – Marmor- oder Glasplatte oder Backblech. Sobald die Masse erstarrt ist, schabt man sie mit einem Spatel zu kleinen Röllchen oder sticht mit kleinen Ausstechformen Kleeblätter, Sonne, Monde, Herzen, Kreise aus. Gibt man zur Kuvertüre etwas Öl und Puderzucker, lassen sich dekorative Fächer herstellen.

Besonders hübsch sehen auch **Schokoladenblätter** aus. Dafür Rosen- oder Veilchenblätter pflücken, die Blattunterseite mit geschmolzener weißer oder brauner Kuvertüre bestreichen und fest werden lassen. Danach gibt man noch eine zweite Kuvertüreschicht darauf. Sobald die Masse erstarrt ist, die Blätter vorsichtig abziehen.
Zimmerwarme Kuvertüre eignet sich für Schokoladenspäne, man kann sie leicht mit dem Kartoffelschäler abschaben. Für Schokoladenraspeln muss die Kuvertüre gut gekühlt sein und man braucht ein Reibeisen mit grober Scheibe.

## SCHOKOLADENFRÜCHTE

Für Schokoladenfrüchte Vollmilch- oder Zartbitterkuvertüre im Wasserbad schmelzen. Erdbeeren, Weinbeeren, Johannisbeeren, Kirschen, Ananasstücke, Kumquats, Kapstachelbeeren u. a. m. zur Hälfte in die Kuvertüre tauchen und erstarren lassen.
Nach Belieben können den Früchten Blättchen aus Schokolade angelegt werden.
Dafür frische, gereinigte Rosen- oder Veilchenblätter mit geschmolzener Kuvertüre oder Schokolade einpinseln. Die Schicht fest werden lassen und mit einer weiteren Schicht überpinseln. Sobald die Masse fest

geworden ist, die Blätter vorsichtig von der Schokolade abziehen. Kandierte Früchte haben eine besondere Leuchtkraft und sind wie Schokoladenfrüchte eine schöne Zierde auf Backwerk. Dafür kandierte Clementinen, Birnen, Aprikosen, Zitronat und Orangeat in Ornamente schneiden und zu Blüten zusammensetzen.

***Tipp:***

*Kandierte Früchte gibt es als Fertigware. Kandierte Kirschen schmecken besonders gut, wenn man sie selbst herstellt. Dafür braucht man:*
*500 g Sauerkirschen, 500 g Puderzucker.*

*Die Kirschen waschen und entsteinen. In einem Durchschlag über kochendem Wasser 5 Minuten dämpfen. Auf einen Teller geben und mit 2 EL Puderzucker besieben. Den Zucker einziehen lassen, die Kirschen wenden und mit 2 EL Puderzucker besieben. So weitermachen, bis der Puderzucker verbraucht ist.*
*Die Kirschen in ein verschließbares Glas geben. Nach 5 Tagen kann man die Kirschen verwenden.*
*Auf die gleiche Weise lassen sich auch Aprikosen, Ananas und Pfirsiche kandieren.*

*Mit diesem süßen Eindruck wollen wir Sie auf den Inhalt des Buches einstimmen und gleichzeitig darauf hinweisen, dass die Rezeptsammlung auch herzhaft Gebackenes enthält. Guten Appetit!*

# Frühstücksgebäck

# Quarktaler
# Glasierte Safranbrezeln

## QUARKTALER

**Für den Teig:**
500 g Mehl
30 g Hefe, 2 EL Zucker
¼ Liter lauwarme Milch
80 g Butter, 1 Ei
1 TL abgeriebene unbehandelte Zitronenschale
1 Prise Salz

**Für die Füllung:**
300 g abgetropfter Speisequark (40 %)
2 EL Zucker, 4 Eigelb
1 EL weiche Butter
½ TL abgeriebene unbehandelte Zitronenschale
100 g gehackte Mandeln

**Außerdem:**
1 Eiweiß
2 Eigelb zum Bestreichen
Mehl zum Bearbeiten

## GLASIERTE SAFRANBREZELN

100 g Sultaninen
50 g Korinthen, 2 EL Rum
500 g Mehl
30 g Hefe, 2 EL Zucker
150 ml lauwarme Milch
5 EL dicke saure Sahne
2 Eier, 2 EL Butter
1 kräftige Prise gemahlener Safran
Butter für das Backblech
2 Eigelb

**Außerdem:**
150 g Puderzucker
2 EL Zitronensaft

### QUARKTALER

Das Mehl in eine Schüssel sieben und in die Mitte eine Vertiefung drücken. Hefe und Zucker in etwas lauwarmer Milch verquirlen, in die Vertiefung gießen, etwas Mehl vom Mehlrand einrühren und einen breiartigen Vorteig bereiten. Zugedeckt 20 Minuten gehen lassen.
Butter, Ei, Zitronenschale und Salz auf dem Mehlrand anordnen und von der Mitte her die Zutaten verkneten. Dabei die restliche Milch zufügen. Den Teig 30 Minuten gehen lassen.

**Für die Füllung** den Quark durch ein Sieb streichen und mit Zucker, Eigelb, Butter, Zitronenschale und Mandeln verrühren. Den Teig durchkneten, auf bemehlter Fläche ausrollen und Kreise von 8 Zentimeter Durchmesser ausstechen. Die Ränder mit Eiweiß bestreichen. Auf die Hälfte der Kreise jeweils einen Klecks von der Quarkmasse geben, dabei darauf achten, dass die Ränder frei bleiben. Die restlichen Kreise aufsetzen, die Ränder andrücken. Eigelb verquirlen, die Taler damit bestreichen. Im vorgeheizten Backofen bei 200°C (Gas: Stufe 3, Umluft 180 °C) etwa 25 Minuten backen.

### GLASIERTE SAFRANBREZELN

Sultaninen und Korinthen waschen, abtropfen lassen und mit Rum beträufeln. Das Mehl in eine Schüssel sieben, in die Mitte eine Vertiefung drücken. Die Hefe mit dem Zucker in lauwarmer Milch verquirlen, in die Vertiefung gießen, etwas Mehl vom Rand zufügen, einen breiartigen Vorteig rühren. Zugedeckt an einem warmen Ort 20 Minuten gehen lassen.
Auf dem Mehlrand die saure Sahne, Eier und Butter in Flöckchen verteilen. Den Safran in 1 Esslöffel lauwarmem Wasser verrühren und ebenfalls auf den Mehlrand geben. Von der Mitte her alle Zutaten zu einem glatten und geschmeidigen Teig verkneten. Zugedeckt 30 Minuten gehen lassen.
Den Teig durchkneten, Rollen und daraus Brezeln formen. Ein Backblech ausbuttern, die Brezeln auflegen, mit verquirltem Eigelb bestreichen und im vorgeheizten Backofen bei 200 °C (Gas: Stufe 3, Umluft 180 °C) etwa 20 Minuten backen. Herausnehmen und sofort mit Butter bepinseln und mit Zucker bestreuen oder ausgekühlt mit Glasur aus Puderzucker und Zitronensaft überziehen.

# Muffins mal so, mal so

### MUFFINS MIT HEIDELBEEREN

250 g Heidelbeeren
2 Eier
100 ml Sonnenblumenöl
150 g Zucker
½ TL abgeriebene unbehandelte Zitronenschale
ca. 200 ml Milch
300 g Mehl
3 gestrichene TL Backpulver
Öl für die Form
Puderzucker zum Besieben

### MUFFINS MIT MANDELN

500 g Mehl
20 g Hefe, 1 EL Zucker
¼ Liter lauwarme Milch
2 EL Rosenwasser
1 Prise Salz
1–2 Tropfen Bittermandelaroma
je 2 EL gehackte und gemahlene Mandeln
Öl für die Form
Butter zum Bestreichen
feiner Streuzucker

### MUFFINS MIT HEIDELBEEREN

Die Beeren waschen und abtropfen lassen. In einer Schüssel Eier, Öl, Zucker und Zitronenschale schaumig schlagen. Die Milch unterrühren. Mehl und Backpulver vermischen, auf die Eiermasse sieben und unterziehen. Zuletzt die Beeren untermischen. Ein Muffinblech ölen und den Teig in die Förmchen füllen. Im vorgeheizten Backofen bei 160 °C (Gas: Stufe 1–2, Umluft 140 °C) etwa 35 Minuten goldgelb backen.
Herausnehmen, etwas abkühlen lassen, aus der Form lösen, auskühlen lassen und mit Puderzucker besieben.

**Variante:**

Anstelle der Heidelbeeren kann man auch Bananen zum Teig geben. Dafür 2 mittelgroße Bananen schälen, in kleine Stücke schneiden, mit Zitronensaft marinieren und unter den Teig mischen. Nach dem Backen die ausgekühlten Muffins mit einem Guss aus 150 Gramm Puderzucker und 2 Esslöffeln Zitronensaft überziehen und mit Kokosflocken garnieren.

### MUFFINS MIT MANDELN

Das Mehl in eine Schüssel sieben. In die Mitte eine Vertiefung drücken. Die Hefe mit dem Zucker in etwas lauwarmer Milch verquirlen und in die Vertiefung gießen. Etwas Mehl vom Mehlrand darüber stäuben und zugedeckt 20 Minuten gehen lassen.
Die restliche Milch, das Rosenwasser, Salz, Bittermandelaroma und die Mandeln auf dem Mehlrand verteilen und alles von der Mitte her zu einem glatten Teig verkneten. Zugedeckt 30 Minuten gehen lassen.
Den Teig zusammenstoßen und nochmals durchkneten. Eine Muffinform ölen, den Teig in die Förmchen füllen und 10 Minuten stehen lassen.
Dann im vorgeheizten Backofen bei 200 °C (Gas: Stufe 3, Umluft 180 °C) in etwa 20 Minuten backen.
Herausnehmen, sofort mit Butter bestreichen und mit Zucker bestreuen. Noch heiß servieren.

# Rosinenschnecken Pflaumenmushörnchen

### ROSINENSCHNECKEN

125 g Rosinen, 3 EL Rum
150 g abgetropfter Quark (20 %)
4 EL Zucker, 6 EL Öl
½ TL abgeriebene unbehandelte Zitronenschale
1 Prise Salz
300 g Mehl
3 gestrichene TL Backpulver
50 g weiche Butter
4 EL gehackte Mandeln
Butter für das Backblech

**Außerdem:**

200 g Puderzucker
3 EL Zitronensaft

### PFLAUMENMUSHÖRNCHEN

300 g Kartoffeln
450–500 g Mehl
1 EL Stärkemehl
125 g Zucker, 3 Eier
80 g weiche Butter
1 Päckchen Backpulver
Mehl zum Bearbeiten
250 g Pflaumenmus
Butter für das Backblech

**Außerdem:**

100 g flüssige Butter
100 g Zucker zum Bestreuen

***Tipp:***

*Anstelle von Pflaumenmus kann man für die Füllung auch Erdbeer- oder Aprikosenkonfitüre verwenden.*

### ROSINENSCHNECKEN

Die Rosinen waschen, abtropfen lassen und mit Rum beträufeln. Den Quark durch ein Sieb in eine Schüssel streichen und mit 2 Esslöffeln Zucker, Öl, Zitronenschale und Salz verrühren. Mehl und Backpulver vermischen und zur Quarkmasse geben. Gut durchkneten, auf bemehlter Fläche zu einem Rechteck ausrollen und mit Butter bestreichen. Mit dem restlichen Zucker, Rosinen und Mandeln bestreuen. Den Teig aufrollen und in 1,5 Zentimeter breite Stücke schneiden. Ein Backblech ausbuttern, die Teigstücke auflegen und flach drücken. Im vorgeheizten Backofen bei 200 °C (Gas: Stufe 3, Umluft 180 °C) etwa 15 Minuten backen.
Herausnehmen und auskühlen lassen. Den Puderzucker sieben und mit Zitronensaft verrühren. Die Rosinenschnecken damit überziehen.

### PFLAUMENMUSHÖRNCHEN

Die Kartoffeln in der Schale kochen, pellen, durch die Kartoffelpresse drücken und auskühlen lassen. In eine Schüssel geben. Mit 2 Gabeln auflockern und mit Mehl, Stärkemehl, Zucker, Eiern, Butter und Backpulver verkneten. Auf bemehlter Fläche ausrollen und Quadrate von 20 Zentimeter Kantenlänge schneiden. Mit Pflaumenmus bestreichen. Von einer Spitze beginnend aufrollen und zu Hörnchen biegen. Ein Backblech ausbuttern, die Hörnchen darauf verteilen und im vorgeheizten Backofen bei 200 °C (Gas: Stufe 3, Umluft 180 °C) etwa 15 Minuten backen.
Herausnehmen, mit zerlassener Butter bestreichen und mit Zucker bestreuen.

# Mandelbrötchen

**Für den Teig:**
500 g Mehl
30 g Hefe
100 g Zucker
200–220 ml lauwarme Milch
100 g weiche Butter
1 Ei
1 Prise Salz
Mehl zum Bearbeiten
Butter für das Backblech

**Für die Füllung:**
je 100 g gehackte und geriebene Mandeln
100 g Zucker
100 g weiche Butter
100 g Rosinen

**Für den Guss:**
200 g Puderzucker
4 EL Rosenwasser

Das Mehl in eine Schüssel sieben, in die Mitte eine Vertiefung drücken. Die Hefe mit 1 Teelöffel Zucker in etwas lauwarmer Milch verquirlen, in die Vertiefung gießen, etwas Mehl darüber stäuben. Zugedeckt an einem warmen Ort 20 Minuten gehen lassen.
Den restlichen Zucker, die Butter in Flöckchen, Ei und Salz auf den Mehlrand geben. Von der Mitte her alle Zutaten zu einem glatten Teig verkneten, dabei die restliche Milch zugeben. Zugedeckt 30 Minuten gehen lassen.

Den Teig auf bemehlter Fläche zu einer Rolle formen und mit einem scharfen Messer in 2 Zentimeter breite Stücke schneiden. Die Mandeln mit Zucker, Butter und Rosinen vermischen und in die Mitte der Teigscheiben geben. Die Scheiben zu Brötchen formen.

Ein Backblech ausbuttern, die Brötchen auflegen. Im vorgeheizten Backofen bei 200 °C (Gas: Stufe 3, Umluft 180 °C) etwa 20 Minuten backen. Herausnehmen und auskühlen lassen. Den Puderzucker sieben, mit Rosenwasser verrühren, die Brötchen damit überziehen.

***Tipp:***
*Rosenwasser – im Vorrat für Backwerk und Desserts – lässt sich ganz leicht herstellen. Man braucht dafür 125 Gramm stark duftende, frisch gepflückte, ungespritzte Rosenblütenblätter. Die Rosenblütenblätter waschen und den bitteren Stielansatz entfernen. Die Blätter in eine Schüssel legen und mit 1/2 Liter lauwarmem Wasser übergießen. Zugedeckt 2 Tage ziehen lassen. Dann die Blüten durch ein feines Leinentuch pressen, die Flüssigkeit auffangen und in einem gut verschließbaren Glas aufbewahren.*

# Schmalzküchlein Schmalzbrezeln

### SCHMALZKÜCHLEIN
100 g weiche Butter
150 g Zucker
4 Eier
1 Prise Salz
1 Päckchen Vanillezucker
1 TL gemahlener Ingwer
3 EL Rum
500 g Mehl
1 Päckchen Backpulver

**Außerdem:**
Mehl zum Bearbeiten
Fett zum Ausbacken
Puderzucker zum Besieben

### SCHMALZBREZELN
500 g Mehl
30 g Hefe, 100 g Zucker
¼ Liter lauwarme Milch
80 g weiche Butter
1 Prise Salz
1 TL abgeriebene unbehandelte Zitronenschale
2 TL getrocknete Holunderblüten
1 Ei

**Außerdem:**
Fett zum Ausbacken
feiner Zucker zum Bestreuen

### SCHMALZKÜCHLEIN
Butter, Zucker, Eier und Salz schaumig schlagen. Vanillezucker, Ingwer und Rum einrühren. Das Mehl mit dem Backpulver vermischen, sieben und nach und nach einarbeiten. Den Teig auf bemehlter Fläche 1 Zentimeter dick ausrollen und Formen ausstechen – Kreise, Rhomben, Quadrate, Rechtecke – und schwimmend in heißem Fett goldbraun ausbacken. Mit einem Schaumlöffel herausnehmen, abtropfen lassen und mit Puderzucker besieben.

### SCHMALZBREZELN
Das Mehl in eine Schüssel sieben, in die Mitte eine Vertiefung drücken. Die Hefe und 1 Teelöffel Zucker in etwas lauwarmer Milch verquirlen und in die Vertiefung geben. Etwas Mehl vom Mehlrand einrühren und einen Vorteig bereiten. Zugedeckt 20 Minuten gehen lassen.
Butter, Salz, Zitronenschale, Holunderblüten, Ei und den restlichen Zucker auf den Mehlrand geben und alle Zutaten von der Mitte her zu einem glatten Teig verkneten, dabei die restliche Milch zugeben. Zugedeckt 30 Minuten gehen lassen.
Den Teig zusammenstoßen und nochmals durchkneten. 1 Zentimeter dicke, gut 30 Zentimeter lange Rollen drehen und zu Brezeln formen. 15 Minuten zugedeckt gehen lassen.
Schwimmend in heißem Fett goldbraun ausbacken, herausnehmen mit Zucker bestreuen.

**Variante:**
Man kann die gedrehten Rollen auch zu lustigen Ringen formen, indem man jeweils die Enden wie zu einem Knoten umeinander schlingt.

***Tipp:***
*Der Teig der Schmalzbrezeln lässt sich auch für Krapfen verwenden. Dafür den Teig fingerdick ausrollen und mit einem Weinglas Kreise ausstechen. Auf die Hälfte der Kreise einen Klecks Marmelade geben, einen Teigkreis obenauf legen und die Ränder festdrücken. Zugedeckt 10 Minuten gehen lassen, danach mit der Unterseite nach oben in das erhitzte Fett geben. Zunächst schwimmend auf einer Seite goldbraun backen, dann umwenden und fertig backen. Mit einem Schaumlöffel herausnehmen, gut abtropfen lassen und in feinem Zucker wälzen.*

# Milchzopf

1 kg Mehl
60 g Hefe
125 g Zucker
½ Liter lauwarme Buttermilch
150 g weiche Butter
½ TL Salz
2 TL abgeriebene unbehandelte Orangenschale
4 EL Weinbrand
2 Eigelb
2 EL Milch
100 g gehackte Mandeln
Mehl zum Bearbeiten
Butter für das Backblech

**Tipp:**
*Mit diesen Mengen können Sie auf üblichem Blech auch leicht 2 Zöpfe formen und backen.*

Das Mehl in eine Schüssel sieben, in die Mitte eine Vertiefung drücken. Die Hefe zerbröckeln und mit etwas Zucker in die Vertiefung geben. Die lauwarme Buttermilch zugießen, Mehl vom Rand darüber geben und zu einem Brei verrühren. Zugedeckt 30 Minuten gehen lassen.
Butter, den restlichen Zucker, Salz, Orangenschale und Weinbrand zugeben und alles zu einem glatten Teig verkneten. Den Teig so lange kneten, bis er sich vom Schüsselrand löst. Zugedeckt 30 Minuten gehen lassen.
Den Teig auf bemehlter Fläche nochmals durchkneten und in drei – oder sechs – gleich große Stücke teilen. Daraus ein oder zwei Zöpfe flechten. Ein Backblech ausbuttern, den Zopf oder die Zöpfe auflegen. Eigelb und Milch verrühren, Zopf damit bestreichen, mit Mandeln bestreuen und weitere 10 Minuten gehen lassen. Im vorgeheizten Backofen bei 180 °C (Gas: Stufe 2, Umluft 160 °C) etwa 35 Minuten backen.

**Varianten:**
Der Zopf lässt sich jederzeit abwandeln und verfeinern, zum Beipiel mit Rosinen im Teig oder mit Mandelblättchen oder Hagelzucker statt gehackten Mandeln bestreut.

*Ein Hefezopf kommt immer gut an. Es gibt auch kaum eine Tages-, Nacht- und Jahreszeit, zu der er nicht schmeckt. Zum gesteigerten Genuss soll hier noch ein Rezept verraten werden, das nicht alltäglich ist:*
**ERDBEER-INGWER-KONFITÜRE**
aus 1 Kilogramm Erdbeeren, 1 Esslöffel geschältem, fein geschnittenen Ingwer sowie 1 Kilogramm Gelierzucker. Die Erdbeeren waschen und putzen, in einem Topf mit Ingwer und Zucker 4 Minuten sprudelnd aufkochen lassen. Vom Herd nehmen und in vorbereitete Gläser füllen. Diese nach dem Abkühlen gut verschließen.

# Pikante Hörnchen Kräuter-Piroshki

## PIKANTE HÖRNCHEN

**Für den Teig:**
500 g Mehl
30 g Hefe, 1 TL Zucker
knapp ¼ Liter lauwarme Milch
1 TL Salz
2 TL Kümmel, ganz oder gemahlen
80 g Butter, 1 Ei
Butter für das Backblech
Mehl zum Bearbeiten

**Außerdem:**
2 Eigelb zum Bestreichen
Kümmel und Reibekäse zum Bestreuen

## KRÄUTER-PIROSHKI

**Für den Teig:**
500 g Mehl
20 g Hefe
¼ Liter lauwarme Milch
½ TL Salz, 80 g Butter

**Für die Füllung:**
50 g Schnittlauchröllchen
60–80 g Sauerampfer
je 5 g Pfefferminz- und Korianderblätter
6 EL fein gehackte Zwiebeln
1 TL Paprikapulver edelsüß
½ TL Salz
8 EL Öl

2 Eiweiß zum Bestreichen
200 ml dicke saure Sahne

## PIKANTE HÖRNCHEN

Das Mehl in eine Schüssel sieben, in die Mitte eine Vertiefung drücken. Hefe und Zucker in etwas lauwarmer Milch verrühren, in die Vertiefung gießen, etwas Mehl vom Rand dazugeben und einen breiartigen Vorteig rühren. Zugedeckt an einem warmen Ort 20 Minuten gehen lassen.
Auf dem Mehlrand Salz, Kümmel, Butter in Flöckchen und das Ei verteilen. Die Zutaten von der Mitte her zu einem glatten, geschmeidigen Teig verkneten, dabei die restliche Milch zugeben. Zugedeckt 30 Minuten gehen lassen.
Ein Backblech ausbuttern. Den Teig zusammenstoßen, auf bemehlter Fläche durchkneten und ausrollen. 10 Zentimeter große Quadrate schneiden, zu Hörnchen formen und auf das Backblech legen. Leicht mit Mehl bestäuben und nochmals 15 Minuten gehen lassen.
Mit Eigelb bestreichen und mit Kümmel und Reibekäse bestreuen. Im vorgeheizten Backofen bei 220 °C (Gas: Stufe 4, Umluft 200 °C) etwa 15 Minuten backen.

## KRÄUTER-PIROSHKI

**Für den Teig** das Mehl in eine Schüssel sieben, in die Mitte eine Vertiefung drücken. Die Hefe in etwas lauwarmer Milch verrühren, in die Vertiefung gießen, etwas Mehl darüber geben.
An einem warmen Ort zugedeckt 20 Minuten gehen lassen.
Auf dem Mehlrand das Salz und die Butter in Flöckchen verteilen. Von der Mitte her die Zutaten zu einem geschmeidigen Teig verkneten. Zugedeckt an einem warmen Ort 30 Minuten gehen lassen.

**Für die Füllung** Schnittlauch, Sauerampfer, Minze, Koriander, Zwiebeln, Paprikapulver, Salz und Öl verrühren. Den Teig nochmals durchkneten und auf bemehlter Fläche ausrollen. Aus dem Teig Kugeln (wie für Klöße) formen, flach drücken und die mit Eiweiß eingestrichenen Ränder jeweils von drei Seiten her über die Füllung legen, sodass eine dreieckige Pastete mit kleiner Öffnung in der Mitte entsteht. Die Kräutermischung in die Öffnung geben, danach die Teigstücke mit saurer Sahne bestreichen. Im vorgeheizten Backofen bei 200 °C (Gas: Stufe 3, Umluft 180 °C) etwa 20 Minuten backen.

# Mohn-Schinkentaschen Speckbrötchen

**MOHN-SCHINKEN-TASCHEN**

500 g Tiefkühl-Blätterteig
Mehl zum Bearbeiten
300 g gekochter Schinken
2 mittelgroße Zwiebeln
1 EL Butterschmalz
2 Eigelb
4 EL Mohn

**SPECKBRÖTCHEN**

**Für den Teig:**

500 g Mehl
30 g Hefe
1/4 Liter lauwarme Milch
1 Ei
50 g Butter
1/2 TL Salz
Mehl zum Bearbeiten
Butter für das Backblech

**Für die Füllung:**

3 Zwiebeln
200 g durchwachsener Speck
1 EL Butterschmalz

**Außerdem:**

2 Eigelb zum Bestreichen

**SCHINKENTASCHEN MIT MOHN**

Den Blätterteig auftauen und auf bemehlter Fläche ausrollen. Mit einem Teigrädchen Quadrate von 8 x 8 Zentimeter ausrädeln.

**Für die Füllung** den Schinken in Würfel schneiden. Die Zwiebeln schälen und fein hacken.

Das Butterschmalz erhitzen, Schinken und Zwiebeln zugeben und etwa 5 Minuten dünsten. Auskühlen lassen.

Die Masse auf die Hälfte der Teigquadrate geben und die restlichen Teigquadrate aufsetzen. Die Ränder andrücken. Die Quadrate mit verquirltem Eigelb bestreichen und mit Mohn bestreuen. Ein Backblech mit Backpapier belegen, die Schinkentaschen darauf geben und im vorgeheizten Backofen bei 200 °C (Gas: Stufe 3, Umluft 180 °C) etwa 20 Minuten backen.

**SPECKBRÖTCHEN**

Das Mehl in eine Schüssel sieben, in die Mitte eine Vertiefung drücken. Die Hefe in 1/8 Liter lauwarmer Milch verquirlen, in die Vertiefung gießen, etwas Mehl vom Rand dazugeben und einen breiartigen Vorteig herstellen. Zugedeckt an einem warmen Ort 20 Minuten gehen lassen.

Ei, Butter und Salz auf dem Mehlrand verteilen. Von der Mitte her die Zutaten verkneten, dabei die restliche Milch zugeben. Zugedeckt 20 Minuten gehen lassen.

**Für die Füllung** Zwiebeln schälen und fein hacken, Speck klein würfeln. In einer Pfanne Butterschmalz erhitzen, Zwiebeln und Speck hineingeben und goldbraun braten. Vom Herd nehmen und auskühlen lassen.

Den Teig zusammenstoßen, auf bemehlter Fläche durchkneten, zu einer Rolle formen und in 12 Stücke teilen. Jedes Stück ausrollen und mit der Speck-Zwiebel-Mischung bestreichen. Danach die Teigstücke zu ovalen Brötchen formen, mit einem Messer mehrmals schräg einkerben und mit Eigelb bestreichen. Ein Backblech ausbuttern, die Brötchen darauf setzen und bei 200 °C (Gas: Stufe 3, Umluft 180 °C) etwa 25 Minuten backen.

# Brote nicht nur zum Frühstück

## Frühstücksbrot mit Erdnüssen

500 g Roggenmehl
500 g Weizenmehl
60 g Hefe, ½ TL Zucker
150 g Sauerteig (vom Bäcker)
1 TL Salz
6 EL Sirup
200 g gehackte, geröstete Erdnüsse
Mehl zum Bearbeiten
Butter für das Backblech

## Nussbrot

500 g Mehl
30 g Hefe, ½ TL Zucker
2 EL gehackte Schalotten
125 g gehackte, geröstete Walnüsse
1 TL Salz
Mehl zum Bearbeiten
Butter für das Backblech

**Außerdem:**

Walnussöl zum Bestreichen
Salz und Pfeffer zum Bestreuen
Walnusshälften zum Verzieren

## Frühstücksbrot mit Erdnüssen

Beide Mehlsorten vermischen und in eine Schüssel sieben. Zerbröckelte Hefe und Zucker in 200 Milliliter lauwarmem Wasser verrühren, in die Vertiefung gießen, mit etwas Mehl vom Rand zu einem breiartigen Vorteig verrühren. Zugedeckt 30 Minuten an einem warmen Platz stellen.

Sauerteig, Salz und Sirup mit 200 Milliliter Wasser verrühren, auf dem Mehlrand verteilen.

Die Zutaten von der Mitte her zu einem glatten Teig verkneten, dabei die Erdnüsse unterkneten. Den Teig gut durchkneten. Zugedeckt 1 Stunde an einen warmen Platz stellen.

Ein Backblech ausbuttern. Den Teig durchkneten, in eine runde Form bringen, auf das Backblech legen, mit lauwarmem Wasser bestreichen und mit dem Messer mehrmals einritzen. Im vorgeheizten Backofen bei 200 °C (Gas: Stufe 3, Umluft 180 °C) etwa 50 Minuten backen. Herausnehmen und zum Auskühlen auf ein Kuchengitter setzen.

## Nussbrot

Das Mehl in eine Schüssel sieben, in die Mitte eine Vertiefung drücken. Hefe und Zucker in ⅛ Liter lauwarmem Wasser verrühren, in die Vertiefung gießen, etwas Mehl vom Rand dazugeben und einen breiartigen Vorteig rühren. Zugedeckt 20 Minuten an einen warmen Platz stellen.

Auf dem Mehlrand Schalotten, Walnüsse und Salz verteilen.

Die Zutaten von der Mitte her verkneten, dabei noch ⅛ Liter Wasser zugeben.

Den Teig gut durchkneten. Zugedeckt 45 Minuten gehen lassen.

Ein Backblech ausbuttern. Den Teig nochmals auf bemehlter Fläche durchkneten, in eine ovale oder runde Form bringen, 10 Minuten gehen lassen.

Mit Walnussöl bestreichen, mit Salz und Pfeffer bestreuen und mit Walnusshälften verzieren.

Im vorgeheizten Backofen bei 200 °C (Gas: Stufe 3, Umluft 180 °C) etwa 50 Minuten backen.

Herausnehmen und auf einem Kuchengitter abkühlen lassen.

# Frühlingsbrot

500 g Mehl
30 g Hefe
1 kräftige Prise Zucker
knapp 1/4 Liter lauwarme Milch
5 Schalotten, fein gehackt
1 Bund glatte Petersilie, fein geschnitten
3 EL Kerbel, fein gewiegt
1/2 TL Salz
1 TL gemahlener Kümmel
80 g weiche Butter
1 Ei
Mehl zum Bearbeiten
Butter für das Blech
1 Eigelb zum Bestreichen
Salz und Kümmel zum Bestreuen

Das Mehl in eine Schüssel sieben, in die Mitte eine Vertiefung drücken. Hefe und Zucker in 1/8 Liter lauwarmer Milch auflösen, in die Vertiefung gießen, etwas Mehl vom Rand zufügen und einen breiartigen Vorteig bereiten. Zugedeckt 20 Minuten an einen warmen Platz stellen. Auf dem Mehlrand Schalotten, Petersilie, Kerbel, Salz, Kümmel, die Butter in Flöckchen und das Ei anordnen. Von der Mitte her die Zutaten verkneten, dabei die restliche Milch zugeben. Den Teig gut durchkneten. Zugedeckt 45 Minuten gehen lassen.
Den Teig auf bemehlter Fläche durchkneten, in eine ovale oder runde Brotform bringen, mit Eigelb bestreichen und mit Salz und Kümmel bestreuen. Ein Backblech ausbuttern, das Brot auflegen und im vorgeheizten Backofen bei 200 °C (Gas: Stufe 3, Umluft 180 °C) etwa 50 Minuten backen.

**Süße Varianten:**
Anstelle von Schalotten und Kräutern kann man dem Teig auch 4 frisch gepflückte, gesäuberte und zerteilte Holunderblütendolden oder 100 Gramm getrocknete Holunderblüten zugeben. Oder statt dem Salz und dem Kümmel 2 Esslöffel Zucker und 1 Päckchen Vanillezucker zum Teig geben.
Das Brot vor dem Backen mit Eigelb bestreichen.

**Formvarianten:**
Aus dem Teig lassen sich auch knusprige Hörnchen oder Brötchen herstellen. Dafür den Teig entsprechend unterteilen und formen sowie leicht mit Mehl bestreuen. Ein Backblech ausbuttern, die Teigstücke darauf legen und 20 Minuten gehen lassen. Mit Eigelb bestreichen und nach Belieben mit Salz und Kümmel bestreuen. Im vorgeheizten Backofen bei 200 °C (Gas: Stufe 3, Umluft 180 °C) etwa 35 Minuten backen.

# Anisbrot
# Safranbrot

**ANISBROT**
1 kg Mehl
60 g Hefe
200 g Zucker
400 ml lauwarme Milch
150 g Butter
2 Eier
1 TL abgeriebene unbehandelte Zitronenschale
½ TL Salz
1 EL gemahlener Anis
je 50 g fein geschnittenes Zitronat und Orangeat
Mehl zum Bearbeiten
Butter für das Backblech
2 Eigelb
brauner Rohrzucker zum Bestreuen

**SAFRANBROT**
500 g Mehl
35 g Hefe
1 Prise Zucker
180 ml lauwarme Milch
1 kräftige Prise gemahlener Safran
1 Ei
125 g weiche Butter
1 kräftige Prise Salz
Mehl zum Bearbeiten
Butter für die Backform
2 EL Milch zum Bestreichen

**ANISBROT**

Das Mehl in eine Schüssel sieben, in die Mitte eine Vertiefung drücken. Hefe und 1 Teelöffel Zucker in 200 Milliliter lauwarmer Milch verrühren, in die Vertiefung gießen, so viel Mehl vom Rand zufügen, dass ein breiartiger Vorteig entsteht. Zugedeckt an einem warmen Platz 30 Minuten gehen lassen.
Auf dem Mehlrand restlichen Zucker, Butter in Flöckchen, Eier, Zitronenschale, Salz, Anis, Zitronat und Orangeat verteilen, die Zutaten von der Mitte her verkneten, die restliche Milch zufügen. Den Teig kräftig durchkneten. Zugedeckt 45 Minuten an einen warmen Platz stellen. Ein Backblech ausbuttern.
Den Teig nochmals durchkneten, auf bemehlter Fläche zu einem ovalen Brot formen, auf das Blech legen, mit Eigelb bestreichen und mit Rohrzucker bestreuen. Im vorgeheizten Backofen bei 200 °C (Gas: Stufe 3, Umluft 180 °C) etwa 45 Minuten backen, nach etwa der Hälfte der Zeit abdecken, damit die Oberfläche nicht zu dunkel wird. Herausnehmen, noch einige Minuten auf dem Backblech lassen, dann auf einem Kuchengitter auskühlen lassen.

**SAFRANBROT**

Das Mehl in eine Schüssel sieben, in die Mitte eine Vertiefung drücken. Die Hefe mit dem Zucker in ⅛ Liter lauwarmer Milch verrühren, in die Vertiefung gießen, etwas Mehl vom Rand dazugeben und einen breiartigen Vorteig herstellen. Zugedeckt 20 Minuten an einem warmen Ort gehen lassen.
Den Safran in 1 Esslöffel warmem Wasser auflösen und mit dem Ei, der Butter und dem Salz auf dem Mehlrand verteilen. Von der Mitte her die Zutaten zu einem glatten Teig verkneten, dabei die restliche Milch zugeben. Zugedeckt 45 Minuten gehen lassen.
Den Teig mit bemehlten Händen durchkneten und in eine ovale Form bringen. Mit Milch bestreichen. Ein Backblech ausbuttern, das Brot auflegen und im vorgeheizten Backofen bei 200 °C (Gas: Stufe 3, Umluft 180 °C) etwa 30 bis 35 Minuten backen. Herausnehmen, noch einige Minuten auf dem Backblech lassen, dann auf einem Kuchengitter auskühlen lassen.

Natureller
SAFRAN

Ultra Power
0 1 2 4 6 8 10
KitchenAid

# Kuchen vom Blech

# Apfelkuchen

**Für den Teig:**
300 g weiche Butter
200 g Zucker
1 Prise Salz
1 TL abgeriebene unbehandelte Zitronenschale
4 Eier
8 EL Milch
4 EL Rosenwasser
400 g Mehl
100 g Stärkemehl
1 Päckchen Backpulver

**Für den Belag:**
150 g Aprikosenkonfitüre
2 EL Obstgeist
1 kg mittelgroße Äpfel
150 g Mandelstifte
Puderzucker zum Besieben

**Für den Teig** in einer Schüssel die Butter schaumig schlagen. Zucker, Salz, Zitronenschale, Eier, Milch und Rosenwasser unterschlagen. Mehl, Stärkemehl und Backpulver vermischen, sieben und nach und nach einrühren. Ein Backblech mit Backpapier auslegen, den Teig darauf geben.

**Für den Belag** die Konfitüre mit dem Obstgeist verrühren. Die Äpfel schälen, halbieren, das Kernhaus herausschneiden. Anstelle des Kernhauses einen Klecks Konfitüre geben. Die Apfelhälften auf dem Teig anordnen und etwas hineindrücken. Mit Mandelsplittern bestreuen. Im vorgeheizten Backofen bei 200 °C (Gas: Stufe 3, Umluft 180 °C) etwa 40 Minuten backen.
Herausnehmen, auskühlen lassen, mit Puderzucker besieben.

**Variante:**
Zu einem „Knusperkuchen" wird das Backwerk, wenn man Streusel obenauf gibt. Dafür 250 Gramm Mehl in eine Schüssel sieben und mit 150 Gramm Zucker und 1 Päckchen Vanillezucker vermischen. 150 Gramm Butter oder Butterschmalz in Flöckchen dazugeben. Alles zu Streuseln vermengen und auf dem Teig verteilen.

# Kirschkuchen Zitronenkuchen

**KIRSCHKUCHEN**
**Für den Teig:**
250 g Butter
250 g Zucker, 6 Eier
400 g Mehl
2 EL Stärkemehl
1 Päckchen Backpulver
3 EL Kakao
Butter für das Backblech
1,5 kg entsteinte Sauerkirschen

**Für die Creme:**
250 g Butter
1 Päckchen Puddingpulver Vanillegeschmack
3 EL Zucker
½ Liter Milch
300 g Zartbitterschokolade

**ZITRONENKUCHEN**
**Für den Teig:**
350 g Butter
350 g Zucker, 6 Eier
2 TL abgeriebene unbehandelte Zitronenschale
Saft von 1 Zitrone
450 g Mehl
50 g Stärkemehl
1 Päckchen Backpulver
50 ml Milch
Butter für das Backblech

**Außerdem:**
Saft von 2 Zitronen und 2 Orangen
150 g Puderzucker
Hagelzucker

**KIRSCHKUCHEN**

**Für den Teig** die Butter in einer Schüssel schaumig schlagen. Zucker und nach und nach die Eier einrühren. Mehl, Stärkemehl und Backpulver vermischen, auf die Butter-Ei-Masse sieben und einarbeiten.
Die Hälfte des Teiges mit Kakao mischen. Ein Backblech ausbuttern, den Kakaoteig darauf geben und glatt streichen, den hellen Teig darüber verteilen und mit Sauerkirschen belegen. Im vorgeheizten Backofen bei 200 °C (Gas: Stufe 3, Umluft 180 °C) etwa 35 Minuten backen. Herausnehmen und auskühlen lassen.
**Für die Creme** die Butter auf Zimmertemperatur bringen. Puddingpulver und Zucker in etwas kalter Milch glatt rühren. Die restliche Milch zum Kochen bringen, das angerührte Puddingpulver zugeben und unter Rühren kurz aufkochen lassen. Vom Herd nehmen, auskühlen lassen, ab und zu umrühren, damit sich keine Haut bildet. Die zimmerwarme Butter in einer Schüssel schaumig schlagen, den Pudding esslöffelweise einrühren. Die Buttercreme auf den ausgekühlten Kuchen streichen und mit geraspelter Schokolade verzieren.

**ZITRONENKUCHEN**

**Für den Teig** die Butter schaumig rühren. Nach und nach Zucker, Eier, Zitronenschale und Zitronensaft zugeben. Mehl, Stärkemehl und Backpulver vermischen, sieben und mit der Milch zugeben. Einen glatten Teig bereiten.
Ein Backblech ausbuttern, den Teig darauf geben und im vorgeheizten Backofen bei 200 °C (Gas: Stufe 3, Umluft 180 °C) etwa 30 Minuten backen. Herausnehmen und etwas auskühlen lassen. Zitronensaft, Orangensaft und Puderzucker verrühren. Mit einem Holzspieß Löcher in den Kuchen stechen, den Guss auf dem Kuchen verteilen. Mit Hagelzucker verzieren.

# Rhabarberkuchen Stachelbeerkuchen

## RHABARBERKUCHEN

**Für den Teig:**

400 g Mehl
1 gestr. TL Backpulver
150 g Butter, 125 g Zucker
1 Ei, 1 Prise Salz
½ TL abgeriebene unbehandelte Zitronenschale
Mehl zum Bearbeiten

**Für den Belag:**

1 kg Rhabarber
1 EL Weißwein
100 g Butter
¼ Liter Milch
1 Päckchen Puddingpulver Vanillegeschmack
200 g Zucker
200 g Schmand, 3 Eier
100 g Mandelblättchen

## STACHELBEERKUCHEN

**Für den Teig:**

450 g Mehl
1 gestr. TL Backpulver
150 g kalte Butter
100 g Zucker
1 Ei, 1 Prise Salz
½ TL abgeriebene unbehandelte Zitronenschale
2 EL gemahlene Mandeln

**Für den Belag:**

1 kg Stachelbeeren
4 EL Stärkemehl
½ Liter Weißwein
250 g Zucker
4 EL Semmelbrösel
125 g gehackte Mandeln
6 Eiweiß

## RHABARBERKUCHEN

Mehl und Backpulver vermischen und in eine Schüssel sieben. In die Mitte eine Vertiefung drücken, die Butter in Stückchen, Zucker, Ei, Salz und Zitronenschale in die Vertiefung geben, mit Mehl bedecken und alles rasch zu einem glatten, geschmeidigen Teig verkneten. 30 Minuten kühl stellen.
Inzwischen den Rhabarber putzen, waschen, in Stücke schneiden und mit 1 Esslöffel Weißwein bei milder Hitze 2 Minuten dünsten. Kühl stellen.
Die Butter zerlassen. Milch und Puddingpulver verrühren. Zucker, Schmand, Eier und die Butter unterrühren. Den Teig ausrollen. Ein Backblech mit Backpapier auslegen, den Teig darauf geben und mehrmals mit einer Gabel einstechen und mit Mandelblättchen belegen. Rhabarber auflegen und die Eiermilch darüber verteilen. Im vorgeheizten Backofen bei 200 °C (Gas: Stufe 3, Umluft 180 °C) etwa 35 Minuten backen.

## STACHELBEERKUCHEN

Mehl und Backpulver vermischen, auf ein Backbrett sieben, in die Mitte eine Mulde drücken. Die Butter in Stücken, Zucker, Ei, Salz, Zitronenschale und Mandeln in die Mulde geben und alles zu einem geschmeidigen Teig verkneten. 30 Minuten kalt stellen.
Stachelbeeren putzen, waschen, abtropfen lassen. Stärkemehl in etwas Weißwein glatt rühren. Den restlichen Weißwein mit 200 Gramm Zucker zum Kochen bringen, die Stachelbeeren hineingeben und 5 Minuten köcheln lassen.
Die Stachelbeeren mit einer Schaumkelle herausnehmen, das angerührte Stärkemehl in die Flüssigkeit rühren, kurz aufwallen lassen. Die Stachelbeeren dazugeben und kalt stellen.
Ein Backblech ausbuttern. Den Teig ausrollen und auf das Blech geben. Einen Rand hochziehen. Im vorgeheizten Backofen bei 200 °C (Gas: Stufe 3, Umluft 180 °C) 10 Minuten vorbacken. Den Teig mit Semmelbröseln bestreuen, die Stachelbeermasse darauf geben und mit Mandeln bestreuen. Das Eiweiß mit dem restlichen Zucker steif schlagen und über die Stachelbeermasse ziehen. Noch 10 Minuten backen.

# Brombeerkuchen Aprikosenkuchen

## BROMBEERKUCHEN

**Teig:** 350 g Mehl
2 TL Backpulver
100 g Zucker
1 Päckchen Vanillezucker
1 Prise Salz, 1 Ei
4 EL Milch
150 g kalte Butter
Butter für das Backblech

**Belag:** 300 g Crème fraîche
2 Päckchen Vanillezucker
1 TL abgeriebene unbehandelte Orangenschale
1 kg frische Brombeeren
Puderzucker zum Besieben

**Streusel:** je 150 g Butter, Zucker und Mehl

## APRIKOSENKUCHEN

**Teig:** 250 g Mehl
½ Päckchen Backpulver
125 g Zucker
1 Päckchen Vanillezucker
2 Eier
125 g kalte Butter
Butter für das Backblech
Mehl für die Arbeitsfläche

**Belag:** 250 g Tiefkühl-Blätterteig
300–340 g (1 Glas) Aprikosenkonfitüre
1 kg Aprikosen
je 250 g Butter, Zucker und gehackte Mandeln
2 EL Honig
2 Eier, 2 EL Milch

## BROMBEERKUCHEN

**Für den Teig** Mehl und Backpulver vermischen, in eine Schüssel sieben. In die Mitte eine Vertiefung drücken. Zucker, Vanillezucker, Salz und Ei in die Mulde geben und einen Brei bereiten. Die kalte Butter in Stücken darauf geben, mit Mehl bedecken und die Zutaten von der Mitte her rasch zu einem glatten Teig verkneten. 30 Minuten kalt stellen. Ein Backblech ausbuttern. Den Teig ausrollen, auf das Backblech geben, einen Rand hochziehen. Crème fraîche mit Vanillezucker und Orangenschale verrühren, auf den Teig streichen. Die gewaschenen, abgetropften Brombeeren darauf anordnen.
Aus Butter, Zucker und Mehl Streusel bereiten und über die Brombeeren streuen. Im vorgeheizten Backofen bei 200 °C (Gas: Stufe 3, Umluft 180 °C) etwa 25 Minuten backen. Herausnehmen, auskühlen lassen. Mit Puderzucker besieben.

## APRIKOSENKUCHEN

Zuerst den Blätterteig auftauen. **Für den Teig** Mehl und Backpulver vermischen und in eine Schüssel sieben. In die Mitte eine Vertiefung drücken. Zucker, Vanillezucker und Eier hineingeben und mit einem Teil des Mehls einen dicken Brei herstellen. Die kalte Butter in Stücken auf den Brei geben und mit Mehl bedecken. Von der Mitte her alles rasch zu einem glatten Teig verkneten. 1 Stunde kalt stellen. Ein hohes Backblech ausbuttern. Den Teig zu einer Rolle formen, auf bemehlter Fläche ausrollen und auf das Backblech geben. Den Teigboden mit einer Gabel mehrmals einstechen. Die Aprikosenkonfitüre aufstreichen. Die Aprikosen waschen, trockentupfen, halbieren, entsteinen, in Spalten schneiden und auf dem Teig anordnen. Den aufgetauten Blätterteig ausrollen und darauf legen.
Butter und Zucker in einem Topf erhitzen, Mandeln und Honig einrühren, alles kurz aufwallen lassen. Vom Herd nehmen und etwas auskühlen lassen. Eier und Milch einrühren, die Masse auf den Blätterteig streichen. Den Kuchen im vorgeheizten Backofen bei 200 °C (Gas: Stufe 3, Umluft 180 °C) etwa 30 Minuten backen, dann für die restlichen 15 Minuten Hitze auf 150 °C verringern, falls der Belag bereits gut gebräunt ist. Herausnehmen und nach Geschmack noch warm servieren.

# Johannisbeerkuchen

**Für den Teig:**
400 g Mehl
25 g Hefe
80 g Zucker
200 ml lauwarme Milch
100 g weiche Butter
1 Prise Salz
1 Päckchen Vanillezucker
Mehl zum Bearbeiten
Butter für das Backblech

**Für den Belag:**
1 Päckchen Puddingpulver Vanillegeschmack
½ Liter Milch
3 EL Zucker
125 g Rosinen
125 g gehackte Mandeln
1,5 kg Johannisbeeren

250 g Kokosraspel
200–250 g Zucker
100 g Mehl
1 Ei
125 g Butter
125 g saure Sahne

**Für die Glasur:**
50 g Kokosfett
180–200 g Puderzucker
4 EL Kakao

**Für den Teig** das Mehl in eine Schüssel sieben, in die Mitte eine Mulde drücken. Die Hefe mit 1 Teelöffel Zucker in etwas lauwarmer Milch verrühren, in die Vertiefung gießen, etwas Mehl darüber streuen. Zugedeckt 20 Minuten gehen lassen.
Auf dem Mehlrand den restlichen Zucker, die Butter in Flöckchen, Salz und Vanillezucker verteilen und von der Mitte her die Zutaten zu einem glatten Teig verkneten, dabei die restliche Milch zufügen. Zugedeckt 30 Minuten gehen lassen.

**Für den Belag** das Puddingpulver in etwas kalter Milch verrühren. Die restliche Milch mit 3 Esslöffeln Zucker zum Kochen bringen, das Puddingpulver einrühren, aufkochen lassen, vom Herd nehmen und kalt stellen. Ab und zu umrühren, damit sich keine Haut bildet.
Die Rosinen waschen, trockentupfen und zusammen mit den Mandeln in den Pudding rühren. Die Johannisbeeren waschen und von den Rispen streifen.
Ein Backblech ausbuttern. Den Teig nochmals durchkneten, auf bemehlter Fläche ausrollen und auf das Backblech geben. Einen Rand hochziehen, den Teig mit einer Gabel mehrmals einstechen. Den Pudding aufstreichen und mit den Beeren belegen.
Die Kokosraspel mit Zucker, Mehl, Ei, Butter und Sahne verrühren. Mit einem Löffel kleine Fladen auf die Beeren setzen.
Den Kuchen im vorgeheizten Backofen bei 200 °C (Gas: Stufe 3, Umluft 180 °C) etwa 40 Minuten backen. Herausnehmen und auskühlen lassen.

**Für die Glasur** das Kokosfett zerlassen und auskühlen lassen. Inzwischen den Puderzucker sieben und mit Kakao, 2 Esslöffeln heißem Wasser und dem Kokosfett verrühren. Die Glasur in spiralförmigen Mustern auf dem Kuchen verteilen.

***Tipp:***
*Wer Kokosmasse übrig hat, kann daraus leicht nebenher kleine Makronen backen – bei 180 °C in 15 Minuten – und mit der restlichen Schokoladenglasur verzieren.*

# Heidelbeerkuchen

**Für den Teig:**
300 g Mehl
20 g Hefe
50 g Zucker
100 ml lauwarme Milch
80 g Butter
1 Ei
Mehl zum Bearbeiten
Butter für das Backblech

**Für den Belag:**
1 kg Heidelbeeren
300 g abgetropfter Quark (40 %)
200 g Schmand
1/8 Liter Schlagsahne
1 Ei
2 EL Stärkemehl
3 EL Zucker
1/2 TL abgeriebene unbehandelte Zitronenschale
Saft von 1/2 Zitrone

**Für den Guss:**
500 g Schmand
2 Eier
100 g Zucker

***Tipp:***
*Das Backblech sollte einen mindestens 4 Zentimeter hohen Rand haben.*

**Für den Teig** das Mehl in eine Schüssel sieben und in die Mitte eine Vertiefung drücken. Die Hefe mit dem Zucker in etwas lauwarmer Milch verquirlen und in die Vertiefung gießen. Etwas Mehl vom Rand zugeben und einen breiartigen Vorteig rühren. Zugedeckt 20 Minuten gehen lassen.
Auf dem Mehlrand die Butter in Flöckchen und das Ei anordnen. Die Zutaten von der Mitte her zu einem glatten Teig verkneten, dabei die restliche Milch zugeben. Zugedeckt 30 Minuten gehen lassen.
Inzwischen die Heidelbeeren waschen und abtropfen lassen. Den Teig zusammenstoßen, durchkneten und auf bemehlter Fläche ausrollen. Ein Backblech ausbuttern, den Teig auflegen und einen Rand hochziehen. Den Teig mit einer Gabel mehrmals einstechen.

**Für den Belag** Quark und Schmand in eine Schüssel geben und mit Schlagsahne, Ei, Stärkemehl, Zucker, Zitronenschale und Zitronensaft verrühren. Die Quarkmasse auf den Teig streichen und mit den Heidelbeeren belegen.

**Für den Guss** den Schmand mit Eiern und Zucker verrühren und die Heidelbeeren damit überziehen. Im vorgeheizten Backofen bei 200 °C (Gas: Stufe 3, Umluft 180 °C) etwa 35 Minuten backen.

*Die Heidelbeeren – auch Blaubeeren, Schwarzbeeren oder Bickbeeren genannt – haben von Juli bis September Saison. In manchen Gegenden werden dann regelrechte Feste abgehalten, so im August in den Vogesen. Heidelbeeren schmecken nicht nur köstlich, sie sind obendrein gesund, liefern sie doch die Vitamine A, B und C. Der immergrüne Zwergstrauch der Heidekrautgewächse liebt kalkarme Waldböden – Liebhaber der begehrten, zarten Früchtchen kennen die Waldflecken sehr gut, verraten sie aber selten. Gartenfreunde nennen sicherlich kultivierte Strauchheidelbeeren ihr Eigen. Die Sträucher werden bis zu 2 Meter hoch. Heidelbeeren eignen sich zum Einfrieren und Einkochen.*

# Zwetschgenkuchen

**Für den Teig:**
400 g Mehl
20 g Hefe
200 g Zucker
200 ml lauwarme Milch
200 g Butter
2 Eier
1 Prise Salz
2 EL gemahlene Mandeln
Mehl zum Bearbeiten
Butter für das Backblech

**Für den Belag:**
1–1,4 kg Zwetschgen
100 ml Leinöl nach Geschmack
100–125 g Zucker

***Tipp:***
*Einwandfreie, ungewaschene Zwetschgen – oder Pflaumen, siehe unten – halten sich im Gemüsefach des Kühlschranks etwa 3 Tage. Die Früchte erst kurz vor dem Zubereiten waschen und entsteinen!*

**Für den Teig** das Mehl in eine Schüssel sieben, in die Mitte eine Vertiefung drücken. Die Hefe mit 1 Teelöffel Zucker in etwas lauwarmer Milch verquirlen, in die Vertiefung gießen, etwas Mehl darüber geben und zu einem Brei rühren. Zugedeckt 20 Minuten gehen lassen.
Auf dem Mehlrand den restlichen Zucker, die Butter in Flöckchen, Eier, Salz und Mandeln verteilen. Von der Mitte her die Zutaten zu einem geschmeidigen Teig verkneten, dabei die restliche Milch zugeben. Zugedeckt 30 Minuten gehen lassen.
**Für den Belag** die Zwetschgen waschen und entsteinen. Den Teig durchkneten, auf bemehlter Fläche ausrollen. Ein Backblech ausbuttern, den Teig auflegen und mit den Zwetschgen belegen. Das Leinöl darüber träufeln. Im vorgeheizten Backofen bei 200 °C (Gas: Stufe 3, Umluft 180 °C) etwa 35 Minuten backen.
Herausnehmen und sofort nach Belieben mit Zucker bestreuen.

**Variante:**
Statt mit Leinöl und Zucker kann man den Kuchen auch mit Streuseln bereiten. Dafür aus 200 Gramm Mehl, 150 Gramm Zucker und 150 Gramm Butter mit 2 Gabeln Streusel zubereiten und auf den Zwetschgen verteilen. Im vorgeheizten Backofen bei 200 °C (Gas: Stufe 3, Umluft 180 °C) etwa 40 Minuten backen. Herausnehmen, mit Butter beträufeln und nach Belieben mit feinem Zucker bestreuen.

*Pflaume ist nicht gleich Pflaume. Die Pflaume schlechthin gibt es eigentlich gar nicht. „Pflaume ist vielmehr so etwas wie ein „Familienname“. Zur Verwandtschaft gehören neben den echten, meist deutlich runden, oft auch größeren Pflaumen die länglich-ovalen blauen Zwetschgen, die kugeligen Mirabellen mit ihrer köstlichen Süße, die kleinen rundlichen Spillinge, die gelbgrünen Renekloden – auch Reineclaude geschrieben – und die kleinste von allen, die schwarzblaue Kriechenpflaume. Allen Pflaumen gemeinsam ist die wunderschöne reinweiße Blütenpracht. Dass süße, saftige Pflaumen den Magen beschweren und „Steine im Magen wachsen lassen“, ist freilich ein Ammenmärchen aus dem Mittelalter!*

# Carolakuchen

**Für den Teig:**
500 g Mehl
1 Päckchen Backpulver
250 g Butter
125 g Zucker
1 Prise Salz
1 TL abgeriebene unbehandelte Orangenschale
2 Eier
3 EL Milch
Mehl zum Bearbeiten
Butter für das Backblech

**Für den Belag:**
175 g Butter
175 g Zucker
1 Päckchen Vanillezucker
1 TL abgeriebene unbehandelte Orangenschale
1 EL Stärkemehl
200 g gehackte Mandeln

**Für den Teig** Mehl und Backpulver vermischen. Butter, Zucker, Salz, Orangenschale, Eier und Milch verrühren, nach und nach das Mehl einarbeiten. Ein Backblech ausbuttern. Den Teig auf bemehlter Fläche ausrollen und auf das Backblech legen. In die Teigplatte leichte Vertiefungen drücken.

**Für den Belag** die Butter zerlassen und mit Zucker, Vanillezucker, Orangenschale, Stärkemehl und Mandeln vermischen. Die Masse häufchenweise in die Vertiefungen geben. Im vorgeheizten Backofen bei 200 °C (Gas: Stufe 3, Umluft 180 °C) etwa 25 Minuten backen.

**VARIANTE:**
Zu einem Glanzstück wird der Kuchen, wenn man den Teigboden, sobald er ausgerollt auf dem Backblech liegt, mit frischer Orangenmarmelade bestreicht und dann erst den Belag darauf verteilt. Dafür werden 12 Orangen und 2 Zitronen heiß abgewaschen, dünn abgeschält und ausgepresst. 8 weitere Orangen werden nur ausgepresst.
In einem Topf werden die Orangen- und Zitronenschalen mit 125 Gramm Zucker und ⅛ Liter Wasser zum Kochen gebracht und alles wird bei leichter Hitze unter Rühren 10 Minuten gekocht. In einem anderen Topf werden der ausgepresste Saft und 1 Kilogramm Gelierzucker zum Kochen gebracht, alles wird 3 Minuten sprudelnd gekocht, dann die Orangen- und Zitronenschalen zugegeben und noch 1 Minute gekocht.
Ein Drittel der Masse wird für den Kuchen beiseite gestellt, auskühlen gelassen und mit 3 Esslöffeln Orangenlikör verrührt. Die restliche Orangenmarmelade – Vorrat für die nächsten Carolakuchen oder köstlicher Belag für den Milchzopf von Seite 30 – in vorbereitete Gläaser füllen und verschließen.

# Marzipankuchen

**Für den Teig:**
300 g Mehl
2 gestrichene TL Backpulver
100 g Zucker
1 Päckchen Vanillezucker
1 Prise Salz
1 Ei
1 EL Milch
1 EL Rosenwasser
150 g kalte Butter

**Für den Belag:**
200 g Marzipan-Rohmasse
300 g Butter
250 g Zucker
1 Prise Salz
8 Eier
8 EL Mandellikör
300 g gemahlene Mandeln
500 g ganze, abgezogene Mandeln
150 g Puderzucker

**Für den Teig** Mehl und Backpulver vermischen und in eine Schüssel sieben. In die Mitte eine Vertiefung drücken. Zucker, Vanillezucker, Salz, Ei, Milch und Rosenwasser in die Vertiefung geben und mit einem Teil des Mehls einen Brei bereiten. Die Butter in Stückchen darauf geben und von der Mitte her die Zutaten zu einem glatten Teig verkneten, 30 Minuten kalt stellen.
Ein Backblech mit Backpapier auslegen, den Teig darauf geben und im vorgeheizten Backofen bei 180 °C (Gas: Stufe 2, Umluft 160 °C) 10 Minuten vorbacken.

**Für den Belag** die Marzipan-Rohmasse mit Butter, Zucker und Salz schaumig rühren. Die Eier trennen. Nach und nach das Eigelb einrühren und den Likör zugeben. Das Eiweiß steif schlagen und mit den gemahlenen Mandeln unter die Marzipanmasse ziehen. Den Belag auf den vorgebackenen Teig geben und die ganzen, abgezogenen Mandeln darauf anordnen. Im Backofen bei 200 °C (Gas: Stufe 3, Umluft 180 °C) 20 Minuten backen.
Den Kuchen 5 Minuten vor Backende mit Alufolie abdecken, damit die Mandeln nicht zu dunkel werden.
Den Puderzucker einige Minuten karamellisieren, etwas auskühlen lassen, 6 Esslöffel heißes Wasser unterrühren, den Kuchen damit überziehen.

# Mohnkuchen

**Für den Teig:**
400 g Mehl
2 TL Backpulver
125 g Zucker
1 Päckchen Vanillezucker
200 g kalte Butter
Butter für das Backblech

**Für den Belag:**
6 Eier
250 g Zucker
1 TL abgeriebene unbehandelte Zitronenschale
1 Prise Salz
5 EL Stärkemehl
400 g gemahlener Mohn
2 EL fein geschnittenes Zitronat
3 EL Korinthen

**Für den Teig** Mehl und Backpulver vermischen, in eine Schüssel sieben, in die Mitte eine Vertiefung drücken. Zucker, Vanillezucker und die kalte Butter in Stückchen hineingeben.
Mit Mehl bedecken und von der Mitte her rasch zu einem glatten Teig verkneten. 30 Minuten kalt stellen.
Ein Backblech ausbuttern. Drei Viertel des Teiges ausrollen, auf das Backblech geben und im vorgeheizten Backofen bei 200 °C (Gas: Stufe 3, Umluft 180 °C) 10 Minuten backen. Aus dem restlichen Teig Rollen formen.

**Für den Belag** die Eier trennen. Das Eigelb in eine Schüssel geben und mit 1 Esslöffel warmem Wasser schaumig schlagen. Nach und nach den Zucker einrühren und eine cremige Masse schlagen. Zitronenschale und Salz zugeben. Das Eiweiß steif schlagen und unterheben. Das Stärkemehl aufsieben und unterheben, Mohn, Zitronat und Korinthen ebenfalls unterziehen.
Den vorgebackenen Teigboden an den Rändern mit Teigrollen belegen und einen Rand hochziehen. Die Mohnmasse auf dem Teigboden verteilen. Im vorgeheizten Backofen bei 180 °C (Gas: Stufe 2, Umluft 160 °C) 25 Minuten backen.

*Mit dem Samen des Schlafmohns, aus dem unser Kuchen bereitet wird, hat der verbreitete Klatschmohn nur den Namen gemein, ein wahrer Blickfang.*

# Glasierte Marmeladen-Rolle

**Für den Teig:**
500 g Mehl
1 Päckchen Backpulver
150 g Zucker
2 Eier
2 EL Milch
1 Prise Salz
½ TL abgeriebene unbehandelte Zitronenschale
200 g kalte Butter
Mehl zum Bearbeiten
Butter für das Backblech

**Für die Füllung:**
500 g dicke Aprikosenkonfitüre
1 Ei
4 EL Obstgeist, falls gewünscht
125 g gemahlene Mandeln

**Für den Guss:**
400 g Zartbitterkuvertüre
50–100 g weiße Kuvertüre
kandierter Ingwer

***Tipp:***
*Verzieren Sie zuletzt die Rolle mit Mustern, wie Sie wollen. Deshalb ist die Menge der benötigten weißen Kuvertüre auch variabel angegeben.*

**Für den Teig** Mehl und Backpulver vermischen, in eine Schüssel sieben, in die Mitte eine Vertiefung drücken. Zucker, Eier, Milch, Salz und Zitronenschale in die Vertiefung geben, etwas Mehl einrühren und einen dicklichen Brei herstellen. Die Butter in Stücken darüber geben. Mit Mehl bedecken und von der Mitte her die Zutaten zu einem geschmeidigen Teig verkneten. 30 Minuten kalt stellen. Wenn der Teig noch klebt, geben Sie noch etwas Mehl zu.
Den Teig auf bemehlter Fläche zu einem Rechteck ausrollen.

**Für die Füllung** die Konfitüre durch ein Sieb streichen, mit dem Ei und eventuell dem Obstgeist verrühren und auf den Teig streichen. Die Mandeln darüber streuen oder gleich unter die Füllmasse mischen.
Den Teig aufrollen. Ein Backblech ausbuttern, den Rollkuchen auflegen und im vorgeheizten Backofen bei 200 °C (Gas: Stufe 3, Umluft 180 °C) etwa 30 Minuten backen.
Herausnehmen und auskühlen lassen.

**Für den Guss** die Zartbitterkuvertüre zerkleinern und im warmen Wasserbad schmelzen. Den Rollkuchen damit überziehen. Kalt stellen. Die weiße Kuvertüre im warmen Wasserbad schmelzen und damit Muster nach Lust und Laune über den Rollkuchen ziehen. Zuletzt mit kandiertem Ingwer garnieren.

*Solch gerollte Gebilde verlangen meist einen geschmeidigen Biskuitteig. Wer einmal etwas anderes kennen lernen will, sollte sich unbedingt an dieses Rezept mit einem Mürbteig wagen. Die Rolle so zu formen, ist nicht ganz leicht. Das Ergebnis lohnt aber die Mühe, denn sie schmeckt einfach gehaltvoller. Dafür sollten Sie in Kauf nehmen, dass die Rolle schon einmal beim Backen reißen kann. Wichtig ist auch, eine eher feste, dicke Aprikosenkonfitüre zu verwenden. Mit einer geleeartigen Sorte würde die Füllung zu dünnflüssig. Entsprechend der Beschaffenheit und Ihrem Geschmack können Sie den Aprikosengeist auch weglassen.*

Seit 1844
Alte Schwarzwälder
Hausbrennerei

# Feiner Schokokuchen

**Für den Teig:**
250 g Butter
4 Eier
250 g Puderzucker
1 Päckchen Vanillezucker
1 Prise Salz
½ TL abgeriebene unbehandelte Zitronenschale
250 g Mehl
50 g Stärkemehl
2 gestrichene TL Backpulver

**Für die Creme:**
250 g Butter
1 Päckchen Puddingpulver Vanillegeschmack
2 EL Zucker
½ Liter Milch
150–200 g Butterkekse
etwas Weinbrand

**Für den Guss:**
je 250 g Kokosfett und Puderzucker
oder 300–400 g Kuvertüre
3 EL Kakao
2 Eier

**Für den Teig** die Butter in eine Schüssel geben und schaumig schlagen. Die Eier trennen. Eigelb, Puderzucker, Vanillezucker, Salz und Zitronenschale zur Butter geben und alles gut verrühren. Mehl, Stärkemehl und Backpulver vermischen, sieben und nach und nach einrühren. Das Eiweiß steif schlagen und unter den Teig heben. Ein Backblech mit Backpapier auslegen, den Teig darauf geben, im vorgeheizten Backofen bei 200 °C (Gas: Stufe 3, Umluft 180 °C) etwa 20 Minuten backen. Herausnehmen, mit dem Papier vom Backblech nehmen, das Papier ablösen. Den Kuchenboden kühl stellen.

**Für die Creme** die Butter auf Zimmertemperatur bringen. Das Puddingpulver mit dem Zucker in etwas kalter Milch verrühren. Die restliche Milch zum Kochen bringen, das angerührte Puddingpulver einrühren, kurz aufkochen lassen, vom Herd nehmen und auskühlen lassen. Ab und zu umrühren, damit sich keine Haut bildet.
Die zimmerwarme Butter schaumig rühren, den Pudding löffelweise einrühren. Die Creme auf dem Kuchenboden verteilen. Die Kekse in den Weinbrand tauchen und lückenlos auf der Buttercreme anordnen.

**Für den Guss** das Kokosfett zerlassen. Puderzucker und Kakao vermischen, die Eier unterrühren und nach und nach das Kokosfett einrühren. Die Kekse mit dem Guss überziehen.

# Streuselkuchen

**Für den Teig:**
150 g Butter
250 g Zucker
4 Eier
300 g Mehl
2 gestrichene TL Backpulver
Butter für das Backblech

**Für die Streusel:**
300–350 g Mehl
250 g Zucker
2 Päckchen Vanillezucker
250 g Butter

**Für die Glasur:**
¼ Liter Schlagsahne
1 EL Zucker

***Tipp:***
*Nach Belieben dem Teig 125 g gewaschene, mit 2 EL Rum begossene Rosinen zufügen. Wer Schokoladenstreusel bevorzugt, gibt zur Streuselmasse noch 2 EL Kakao.*

**Für den Teig** die Butter in einer Schüssel schaumig rühren.
Zucker und Eier einrühren. Mehl und Backpulver vermischen, sieben und nach und nach einarbeiten. Ein Backblech mit Butter fetten, den Teig darauf geben.

**Für die Streusel** das Mehl in eine Schüssel sieben und mit Zucker und Vanillezucker vermischen. Die Butter in Stückchen dazugeben, Streusel bereiten und gleichmäßig auf dem Teig verteilen. Im vorgeheizten Backofen bei 200 °C (Gas: Stufe 3, Umluft 180 °C) etwa 25 Minuten backen.
Herausnehmen, einige Minuten auskühlen lassen.
Die Sahne ungeschlagen mit dem Zucker verrühren und den Kuchen damit übergießen.

**Variante:**
Anstelle von Butter kann man für die Streusel Butterschmalz verwenden.

*Manche „spitze Feder“ hat Streuselkuchen zum Kaffee schon als Inbegriff deutscher Kaffee-Gemütlichkeit darzustellen versucht – und ein wenig Spießertum vermutet. Wen das alles nicht stört, der sollte diesen habhaft-leckeren Kuchen einfach genießen und dabei vielleicht an früher denken, als Großmutter oder Mutter der frische, noch warme Kuchen fast aus dem Backofen stibitzt wurde, um möglichst viel davon in möglichst kurzer Zeit zu essen. – Übrigens steht Streuselkuchen auch bei der deutschen Frauen-Fußball-Nationalmannschaft hoch im Kurs.*

ZUCKER
MEHL

# Kürbiskuchen Prasselkuchen

**KÜRBISKUCHEN**

8 Eier, 2 EL Zucker
1 EL abgeriebene unbehandelte Orangenschale
2 EL Rum, 1 Prise Salz
je 150 g gemahlene Mandeln und Pistazienkerne
500 g geraspeltes Kürbisfleisch
450 g Mehl
2 EL Stärkemehl
1 Päckchen Backpulver

**Glasur:**

200 g Puderzucker
3 EL Zitronensaft
Kürbiskerne

**PRASSELKUCHEN**

300 g Mehl, 20 g Hefe
3 EL Zucker
1/8 Liter lauwarme Milch
1 Messerspitze Salz
60 g Butterschmalz
1/2 TL abgeriebene unbehandelte Zitronenschale
1 EL gemahlene Mandeln
Butter für das Backblech
Mehl zum Bearbeiten

**Belag:**

250 g Aprikosenkonfitüre

**Streusel:**

200 g Mehl, 180 g Zucker
1 Päckchen Vanillezucker
150 g Butter, 1 kräftige Prise Zimt

**Für den Guss:**

150 g Puderzucker

**KÜRBISKUCHEN**

**Für den Teig** die Eier trennen, Eiweiß beiseite stellen. Eigelb, Zucker, Orangenschale, Rum und Salz schaumig schlagen. Die Mandeln, Pistazien und das geraspelte Kürbisfleisch untermengen.
Mehl, Stärkemehl und Backpulver vermischen, aufsieben und einarbeiten. Eiweiß zu steifem Schnee schlagen und unterheben. Ein Backblech mit Backpapier auslegen, den Teig darauf geben und im vorgeheizten Backofen bei 180 °C (Gas: Stufe 2, Umluft 160 °C) etwa 30 Minuten backen.
Herausnehmen und auskühlen lassen.

**Für die Glasur** den Puderzucker sieben, mit Zitronensaft verrühren und auf den Kuchen streichen. Mit Kürbiskernen garnieren.

**PRASSELKUCHEN**

**Für den Teig** das Mehl in eine Schüssel sieben und in die Mitte eine Vertiefung drücken. Die Hefe mit 1 Teelöffel Zucker in etwas lauwarmer Milch verquirlen und in die Vertiefung gießen. Etwas Mehl vom Rand unterrühren und einen breiartigen Vorteig herstellen. Salz, das Butterschmalz in Flöckchen, den restlichen Zucker, die Zitronenschale und die Mandeln auf dem Mehlrand anordnen. Zugedeckt 20 Minuten gehen lassen.
Die Zutaten von der Mitte her verkneten, dabei die restliche Milch zugeben. Nochmals zugedeckt 30 Minuten gehen lassen. Das Backblech ausbuttern. Den Teig zusammenstoßen, durchkneten, auf bemehlter Fläche ausrollen und auf das Backblech geben. Mehrmals mit einer Gabel einstechen und einen Rand hochziehen. Die Aprikosenkonfitüre durch ein Sieb streichen und auf dem Teig verteilen.

**Für die Streusel** Mehl, Zucker, Vanillezucker und Zimt vermischen. Die Butter in Flöckchen dazugeben. Mit den Händen oder mit zwei Gabeln die Zutaten zu Streuseln verarbeiten und auf die Aprikosenkonfitüre streuen. Im vorgeheizten Backofen bei 200 °C (Gas: Stufe 3, Umluft 180 °C) etwa 30 Minuten backen.

**Für den Guss** den Puderzucker sieben und mit 2 Esslöffeln Wasser verrühren. Den heißen Kuchen damit überziehen.

# Bienenstich Mandelkuchen

**BIENENSTICH**
**Teig:** 6 Eier, 250 g Zucker
150 g weiche Butter
350 g Mehl
1 Päckchen Backpulver
20–30 ml Schlagsahne

**Belag:** 250 g Butter, 225 g Zucker, 4 EL Milch
1 EL Mehl
300 g Mandelblättchen

**Variante, Füllung:**
2 Päckchen Puddingpulver Mandelgeschmack
¾ Liter Milch, ¼ Liter Schlagsahne, 3 EL Zucker,
2 EL Mandellikör
150 g Aprikosenkonfitüre

**MANDELKUCHEN**
**Teig:** 200 g Gänsefett oder Butterschmalz
150 g Zucker
1 Päckchen Vanillezucker
1 TL abgeriebene unbehandelte Zitronenschale
4 Eier, 1 Prise Salz
6 EL Schlagsahne,
4 EL Rum
2 EL gemahlene Mandeln
450 g Mehl
50 g Stärkemehl,
1 Päckchen Backpulver

**Belag:**
400 g Johannisbeergelee,
130–150 g Haferflocken
200 g gehackte Mandeln
Puderzucker zum Besieben

**BIENENSTICH**

**Für den Teig** Eier und Zucker schaumig schlagen. Butter unterrühren. Mehl und Backpulver mischen, auf die Eiermasse sieben, mit Schlagsahne einrühren. Ein hohes Backblech (mind. 4 cm) fetten, den Teig darauf geben, im vorgeheizten Ofen bei 200 °C (Gas: Stufe 3, Umluft 180 °C) 15 Minuten backen.

**Für den Belag** Butter zerlassen, Zucker, Milch und Mehl einrühren, kurz aufwallen lassen. Vom Herd nehmen, Mandelblättchen unterrühren. Die heiße Mischung auf dem vorgebackenen Kuchen verteilen und noch 12 Minuten weiter backen.

**Variante:** Bienenstich mit Füllung gelingt besser mit Hefeteig (500 g Mehl, 30 g Hefe, 100 g Zucker, 225 ml Milch, 1 Päckchen Vanillezucker, 1 Prise Salz, 100 g weiche Butter, 2 Eier). Der Teig wird wie im Rezept auf S. 28 zubereitet, der Belag mit denselben Zutaten wie oben. Den Teig auf gefettetem Blech ausrollen, Belag darauf verteilen bei 180 °C (Gas Stufe 2, Umluft 160 °C) im vorgeheizten Ofen 30 bis 35 Minuten backen.

**Für die Füllung** Puddingpulver in etwas kalter Milch glatt rühren. Restliche Milch mit Sahne und Zucker aufkochen, Puddingansatz zugießen, unter Rühren mehrmals aufwallen lassen. Likör unterrühren, kalt stellen.
Den Kuchen auf die Seite des Mandelbelags stürzen, waagerecht durchschneiden, sodass 2 Teigplatten entstehen. Konfitüre leicht erwärmen, den unteren Boden erst mit Konfitüre, dann Füllung bestreichen, Mandelteigplatte auflegen, Kuchen kalt stellen.

**MANDELKUCHEN**

Für den Teig Fett, Zucker, Vanillezucker und Zitronenschale schaumig schlagen. Eier, Salz, Schlagsahne, Rum und Mandeln unterrühren. Mehl, Stärkemehl und Backpulver mischen, sieben und einarbeiten. Ein Backblech mit Backpapier auslegen, den Teig darauf geben und im vorgeheizten Backofen bei 200 °C (Gas: Stufe 3, Umluft 180 °C) etwa 25 Minuten backen. Herausnehmen und auskühlen lassen.

**Für den Belag** Haferflocken und Mandeln in einer Pfanne ohne Fett leicht rösten. Johannisbeergelee leicht erhitzen, Haferflocken und Mandeln einrühren. Die Masse auf den Kuchen streichen. Dick mit Puderzucker besieben.

# Dresdner Eierschecke

**Für den Teig:**
500 g Mehl
30 g Hefe
125 g Zucker
¼ Liter lauwarme Milch
150 g Butter
1 Päckchen Vanillezucker
1 Prise Salz
2 EL gemahlene Mandeln
Mehl zum Bearbeiten
Butter für das Backblech

**Für den Belag:**
150 g Butter
300 g Zucker
8 Eier
1 kg abgetropfter Quark (40 %)
1 Päckchen Puddingpulver Vanillegeschmack
½ TL abgeriebene unbehandelte Zitronenschale
1 Prise Salz
2 EL gemahlene Mandeln
1 EL Stärkemehl
3 EL Weinbrand

**Für den Teig** das Mehl in eine Schüssel sieben, in die Mitte eine Vertiefung drücken. Hefe und 1 Teelöffel Zucker in ⅛ Liter lauwarmer Milch verrühren, in die Vertiefung gießen, etwas Mehl vom Rand dazugeben und einen breiartigen Vorteig herstellen. Zugedeckt an einem warmen Ort 20 Minuten gehen lassen.
Den restlichen Zucker, Butter, Vanillezucker, Salz und Mandeln auf den Mehlrand geben, von der Mitte her die Zutaten verkneten, dabei die restliche Milch zufügen. Zugedeckt 30 Minuten gehen lassen.
Den Teig durchkneten und auf bemehlter Fläche ausrollen. Ein hohes Backblech (mind. 4 cm) ausbuttern, den Teig auflegen und einen Rand hochziehen. Den Teig mit einer Gabel mehrmals einstechen.

**Für den Belag** 100 Gramm Butter schaumig schlagen, nach und nach 200 Gramm Zucker, 3 Eier, Quark, Puddingpulver, Zitronenschale, Salz und Mandeln untermischen. Die Masse auf den Teig streichen.
Das Stärkemehl mit dem restlichen Zucker, 5 Eiern und den restlichen 50 Gramm Butter verrühren. Den Weinbrand zugeben. Die Masse im heißen Wasserbad so lange schlagen, bis sie dickcremig ist. Die Creme auf der Quarkmasse verteilen. Im vorgeheizten Backofen bei 200 °C (Gas: Stufe 3, Umluft 180 °C) zunächst etwa 20 Minuten backen. Die Oberhitze für etwa 15 Minuten abschalten, später wieder zuschalten, damit die Eiercreme nicht zu dunkel wird. Insgesamt etwa 45 Minuten backen.

# Eiergusskuchen mit Quitten

**Für den Teig:**
250 g Butter
100 g Zucker
4 Eier
1 TL abgeriebene unbehandelte Zitronenschale
1 Prise Salz
450 g Mehl
1 EL Stärkemehl
1 Päckchen Backpulver
Butter für das Backblech

**Für den Belag:**
1,5 kg Quitten
200–300 g Zucker
3 EL fein geschnittenes Zitronat

**Für den Guss:**
6 Eier
125 g Zucker
125 g gemahlene Mandeln
Saft von 1 Zitrone

**Außerdem:**
80 g Butter
100 g geröstete Mandeln
2 EL Zucker

***Tipp:***
*Wenn der Teig an der Rolle kleben bleiben sollte, können Sie noch eine Kunststofffolie zwischen Teig und Rolle legen.*

**Für den Teig** in einer Schüssel die Butter mit dem Zucker und den Eiern schaumig rühren. Zitronenschale und Salz unterrühren. Mehl, Stärkemehl und Backpulver vermischen, sieben und nach und nach einarbeiten.

**Für den Belag** die Quitten unter fließendem Wasser abbürsten, schälen, in Viertel schneiden, das Kernhaus entfernen. Die Quitten in 3/4 Liter Wasser zum Kochen bringen, 20 Minuten köcheln lassen, herausnehmen, abtropfen lassen, den Saft auffangen. Die Quitten in kleine Würfel schneiden. 1/4 Liter Quittenwasser mit dem Zucker aufkochen, Quittenwürfel und Zitronat hineingeben und alles zu einer geleeartigen Masse einköcheln lassen. Kalt stellen.
Den Teig ausrollen. Ein höheres Backblech ausbuttern, den Teig darauf geben, einen Rand hochziehen, den Teig mit einer Gabel mehrmals einstechen. Von der Quittenmasse 6 Esslöffel voll abnehmen und beiseite stellen. Die restliche Quittenmasse auf den Teig streichen.

**Für den Guss** Eier und Zucker schaumig rühren. Mandeln, Zitronensaft und das beiseite gestellte Quittengelee unterziehen. Den Guss auf dem Kuchen verteilen. Im vorgeheizten Backofen bei 200 °C (Gas: Stufe 3, Umluft 180 °C) etwa 45 Minuten backen. Nach etwa 15 Minuten mit einem Blech abdecken, falls der Kuchen zu kräftig gebräunt wird.
Herausnehmen, mit zerlassener Butter bestreichen und mit Mandeln und Zucker bestreuen.

*Dieser in der Tat üppige Kuchen gewinnt durch den charakteristischen Geschmack der Quitten zusätzlichen Reiz. Die Menge des Zuckers für den Belag richtet sich nach der Eigensüße der Früchte. Wenn Sie genug davon haben, lässt sich vorher leicht mit einem Kompott feststellen, wie viel Zucker benötigt wird.*

# Torten und Törtchen

# Erdbeertorte mit Zuckerröschen

**Für den Teig:**
4 Eier
125 g Zucker
1 Päckchen Vanillezucker
1 Prise Salz
100 g Mehl
30 g Stärkemehl
½ TL Backpulver

**Für die Creme:**
250 g zimmerwarme Butter
250 g Puderzucker
3 EL Himbeergeist
¼ Liter Schlagsahne

**Außerdem:**
500–750 g kleine Erdbeeren
150 g Himbeerkonfitüre
4 EL Himbeergeist
150 g geraspelte weiße Kuvertüre
12 verzuckerte Röschen
Butter für die Form

**Für den Teig** die Eier trennen, das Eiweiß beiseite stellen.
Das Eigelb in einer Schüssel mit 2 Esslöffeln warmem Wasser schaumig schlagen. Nach und nach Zucker und Vanillezucker einrühren. Weiter rühren, bis die Masse cremig ist.
Das Eiweiß mit dem Salz steif schlagen und unter die Creme heben. Mehl, Stärkemehl und Backpulver vermischen, auf die Eimasse sieben und vorsichtig unterheben. Nicht rühren. Eine Springform mit Backpapier auslegen. Den Teig hineingeben und glatt streichen. Im vorgeheizten Backofen bei 200 °C (Gas Stufe 3, Umluft 180 °C) etwa 20 Minuten backen.
Aus der Form lösen, das Backpapier entfernen. Den Tortenboden zum Auskühlen auf ein Kuchengitter geben.

**Für die Creme** die Butter in eine Schüssel geben und schaumig schlagen. Den Puderzucker sieben und nach und nach einrühren. Weiter rühren, bis die Masse cremig ist. Kalt stellen. Himbeergeist und steif geschlagene Sahne unterziehen.
Die Erdbeeren – für unser Bild wurden 500 Gramm verwendet, wer es kuppelförmig mag, braucht mehr – waschen und putzen. Den Tortenboden mit der Creme bestreichen, die Erdbeeren in der Mitte dicht anordnen und zwar so, dass ringsum ein 5 Zentimeter breiter Rand bleibt. Die Konfitüre leicht erwärmen, den Himbeergeist zugeben und alles durch ein feines Sieb streichen. Die Erdbeeren mit der Konfitüre überziehen. Auf dem Rand die geraspelte Kuvertüre verteilen und mit verzuckerten Röschen dekorieren.

**Variante:**
Anstelle der Röschen kann man auch Schokofrüchte, verzuckerte oder kandierte Früchte auflegen (s. Einleitung).

***Tipp:***
*So kandiert man frisch gepflückte, gereinigte Röschen: 2 Eiweiß leicht verquirlen, die Röschen kopfüber hineintauchen, das überflüssige Eiweiß abtropfen lassen. Dann die Blüten in ein Zuckerbett von feinem Zucker (keinen Puderzucker verwenden!) tauchen und dabei leicht drehen. Im vorgeheizten Backofen bei 50 °C trocknen lassen. Dabei die Ofentür spaltbreit geöffnet lassen.*

# Himbeer-Sahne-Torte

**Für den Teig:**
2 Eier
100 g Zucker
1 Päckchen Vanillezucker
1 Prise Salz
100 g Mehl
30 g Stärkemehl
1 TL Backpulver

**Für die Füllung:**
750 g Himbeeren
100 ml Himbeersaft
1 EL Zitronensaft
3 Blatt rote Gelatine
3 EL Himbeergeist
200 g gehackte Mandeln

**Für die Creme:**
3 Blatt weiße Gelatine
3 EL Himbeergeist
2 Eier, 3 EL Zucker
1 Päckchen Vanillezucker
600 ml Schlagsahne

1–2 Sternfrüchte
(Karambolen)
250–300 g Himbeeren
125 g weiße Kuvertüre
1 EL Öl

**Für den Teig** die Eier trennen, das Eiweiß beiseite stellen. Das Eigelb mit 2 Esslöffeln warmem Wasser schaumig schlagen. Nach und nach Zucker und Vanillezucker zufügen, weiter schlagen, bis die Masse cremig ist.
Das Eiweiß mit dem Salz steif schlagen und unterziehen. Mehl, Stärkemehl und Backpulver vermischen, auf die Eimasse sieben und unterziehen. Eine Springform mit Backpapier auslegen, den Teig einfüllen, glatt streichen und im vorgeheizten Backofen bei 180 °C (Gas Stufe 2, Umluft 160 °C) etwa 30 Minuten backen.
Herausnehmen, den Tortenboden auf einem Kuchengitter auskühlen lassen, danach einmal waagerecht durchschneiden (s. Einleitung).

**Für die Füllung** die Himbeeren waschen und mit dem Himbeersaft und dem Zitronensaft verrühren. Die rote Gelatine in etwas kaltem Wasser einweichen, ausdrücken, in erwärmtem Himbeergeist auflösen und unter die Himbeermasse rühren.
Die gehackten Mandeln in einer fettfreien Pfanne kurz rösten und beiseite stellen.

**Für die Creme** die weiße Gelatine in etwas kaltem Wasser einweichen, ausdrücken und in erwärmtem Himbeergeist auflösen. Eier, Zucker und Vanillezucker schaumig schlagen, die aufgelöste Gelatine einrühren. Die Sahne steif schlagen und unter die Eimasse ziehen.
Einen Tortenboden mit der Himbeermasse bedecken und die Hälfte der Mandeln aufstreuen. Die Hälfte der Sahne aufstreichen, dann den zweiten Tortenboden auflegen. Die Torte ringsum mit Sahne bestreichen und Tupfer aufspritzen. Den Tortenrand mit den restlichen Mandeln verzieren.
Die Sternfrüchte quer in Scheiben schneiden. Die Himbeeren waschen, abtropfen lassen und in der Tortenmitte anordnen. Die Sternfrüchte dekorativ auf der Torte verteilen.
Die Kuvertüre zerkleinern und über heißem Wasserbad schmelzen. Das Öl einrühren. Die Masse auf eine kratzfeste, kalte Unterlage streichen (z. B. Marmor) und fast erstarren lassen. Mit einem Spatel oder scharfen Messer Röllchen abschaben und mitten auf der Torte bergförmig anordnen.

# Orangen-Grapefruit-Torte

**Für den Teig:**
6 Eier
200 g Zucker
125 g Mehl
75 g Stärkemehl
2 gestrichene TL Backpulver
75 g gemahlene Haselnüsse,
½ TL abgeriebene unbehandelte Zitronenschale

**Für die Füllung:**
6–7 Blatt weiße Gelatine
8 Orangen
4 rosa Grapefruits
125 g Zucker
2 EL Stärkemehl
4 Eigelb
700 ml Schlagsahne

**Außerdem:**
30 g gemahlene Pistazien
3 rosa Grapefruits
150 g Orangenmarmelade
2 EL Orangenlikör
Schale von 1 unbehandelten Orange

***Tipp:***
*Auch unbehandelte Orangen oder Zitronen sollten vor der Verwendung am besten mit warmem Wasser abgewaschen, danach trockengerieben werden. Nach kurzer Zeit kann die Schale von der ganzen Frucht abgerieben oder die abgeschälte Schale – wie hier – als Verzierung verwendet werden.*

**Für den Teig** Eier und Zucker schaumig schlagen. Mehl, Stärkemehl und Backpulver vermischen und auf die Eimasse sieben. Haselnüsse aufstreuen und alles zusammen mit Zitronenschale unterheben. Eine Springform mit Backpapier auslegen, den Teig einfüllen, glatt streichen und im vorgeheizten Backofen bei 180 °C (Gas Stufe 2, Umluft 160 °C) etwa 30 Minuten backen. Herausnehmen, den Tortenboden auf einem Kuchengitter auskühlen lassen, danach zweimal waagerecht durchschneiden.

**Für die Füllung** die Gelatine in etwas kaltem Wasser einweichen. 1 Orange – deren Schale zum Schluss gebraucht wird – warm waschen, trockenreiben, separat schälen, die Schale beiseite stellen. Insgesamt 4 Orangen schälen, die weiße Innenhaut entfernen, die Orangenfilets herauslösen, zerkleinern und beiseite stellen.
Die restlichen 4 Orangen und die Grapefruits auspressen. Saft mit Zucker und Stärkemehl verrühren, zum Kochen bringen, vom Herd nehmen, 5 Minuten auskühlen lassen, Eigelb einrühren. Die Masse auf mindestens 50 °C auskühlen lassen, dann die eingeweichte und ausgedrückte Gelatine einrühren. Die beiseite gestellten, zerkleinerten Orangenfilets unterheben. Die Sahne steif schlagen und unterziehen. 2 Tortenböden mit je ¼ der Creme bestreichen und aufeinander setzen. Den dritten Boden obenauf geben. Mit einem Teil der restlichen Creme die Torte rundum bestreichen. Den restlichen Teil der Creme in einen Spritzbeutel mit Sterntülle füllen und Rosetten auf den Tortenrand spritzen.
Die Grapefruits schälen, die weiße Innenhaut entfernen, Früchte in Schnitze teilen, mit einem scharfen Messer die Fruchtfilets aus der Haut lösen und mitten auf der Torte verteilen.
Die Marmelade leicht erwärmen, Likör einrühren, alles durch ein Sieb streichen. Die Fruchtfilets mit der Glasur überziehen. Den Rand mit den Pistazien garnieren. Orangenschale in feine Streifen schneiden und die Torte damit verzieren.

# Heidelbeertorte mit zweierlei Sahne

**Für die dunkle Sahne:**
200 g dunkle Kuvertüre
½ Liter Schlagsahne

**Für den Teig:**
6 Eier
175 g Zucker
1 TL abgeriebene unbehandelte Orangenschale
1 Prise Salz
125 g Mehl
70 g Stärkemehl
100 g Butter

**Für die Fruchtsahne:**
3 Blatt weiße Gelatine
1 Päckchen Puddingpulver Sahnegeschmack
2 EL Zucker
300 ml Heidelbeersaft
6 EL Obstgeist
750 g Heidelbeeren
400 ml Schlagsahne

**Außerdem:**
1 EL Kakaopulver
150 g weiße Kuvertüre
Schokofrüchte
(Rezept s. Einleitung)

**Für die dunkle Sahne** die Kuvertüre zerkleinern. Die Sahne erhitzen, die Kuvertüre hineingeben und schmelzen lassen. Mindestens 1 Tag kalt stellen.

**Für den Teig** Eier trennen, Eigelb mit Zucker, Orangenschale und 6 Esslöffeln Wasser schaumig schlagen, Eiweiß mit Salz zu Schnee schlagen und vorsichtig unterheben, Mehl und Stärkemehl darüber sieben. Butter in einem Topf weich werden lassen und flüssig, aber abgekühlt zum Schluss vorsichtig unter den Teig heben. Eine Springform mit Backpapier auslegen, den Teig einfüllen und im vorgeheizten Backofen bei 180 °C (Gas Stufe 2, Umluft 160 °C) etwa 35 Minuten backen.
Herausnehmen und auskühlen lassen.

**Für die Fruchtsahne** die Gelatine in etwas kaltem Wasser einweichen. Puddingpulver und Zucker in etwas Heidelbeersaft glatt rühren. Den restlichen Saft zum Kochen bringen, das Puddingpulver einrühren und aufkochen lassen. Auskühlen lassen. Die Gelatine in leicht erwärmtem Obstgeist auflösen, unter den Pudding rühren. Die Heidelbeeren waschen, abtropfen lassen und unter den Pudding heben. Die Schlagsahne steif schlagen und unterziehen.
Den Boden einmal quer durchschneiden. Den unteren Boden mit der Fruchtsahne bedecken, dann den anderen Boden aufsetzen und die Torte ringsum mit der Schokosahne bestreichen. Mit Kakaopulver besieben und mit geraspelter Kuvertüre und Schokofrüchten dekorieren.

*Schokolade oder Kuvertüre verleiht Torten eine gewisse Noblesse. Kuvertüre eignet sich besser als Schokolade für Glasuren, denn sie besitzt im Vergleich zur Schokolade einen höheren Anteil Kakaobutter. Das bedeutet, dass Kuvertüre leicht schmilzt und auf Flächen gut auseinander fließt. Weißer Kuvertüre kann man etwas Butter zugeben, damit sie schneller fest wird. Besonders schönen Glanz bekommt Kuvertüre, wenn sie nach dem Schmelzen und Auskühlen nochmals erhitzt wird. Aus Kuvertüre lassen sich auch zauberhafte Schmuckelemente wie Ornamente, Späne oder Röllchen herstellen.*

# Mandeltorte mit fruchtiger Sahne

**Für den Teig:**
3 Eier
80 g Zucker
½ TL abgeriebene unbehandelte Zitronenschale
50 g Mehl
30 g Stärkemehl
2 EL gemahlene Mandeln
Butter für die Form

**Für die Sahne:**
4 Blatt weiße Gelatine
½ Liter Schlagsahne
2 EL Puderzucker
1 Päckchen Vanillezucker
2 EL Zitronensaft
4 EL Obstgeist
250 g Erdbeeren
100 g Himbeeren
2 EL Weißwein

**Außerdem:**
200 g Marzipan-Rohmasse
150 g Puderzucker
200 ml Schlagsahne
1 Päckchen Sahnefestiger
100 g geröstete Mandelblättchen
24 große, feste Erdbeeren
Melisseblättchen

**Für den Teig** die Eier trennen. Eigelb, Zucker und Zitronenschale mit 3 Esslöffeln warmem Wasser schaumig schlagen. Das Eiweiß zu steifem Schnee schlagen, zur Eigelbmasse geben, das Mehl und das Stärkemehl darüber sieben, die Mandeln zufügen, alles untermischen. Eine Springform ausbuttern und mit Mehl bestäuben. Den Teig einfüllen und glatt streichen. Im vorgeheizten Backofen bei 200 °C (Gas Stufe 3, Umluft 180 °C) etwa 15 Minuten backen.
Herausnehmen, auskühlen lassen und waagerecht halbieren.

**Für die Sahne** die Gelatine in kaltem Wasser einweichen.
Die Schlagsahne mit dem Puderzucker und Vanillezucker steif schlagen, Zitronensaft und Obstgeist zufügen.
Die Erdbeeren waschen, putzen und zerkleinern. Die Himbeeren ebenfalls waschen und mit den Erdbeeren unter die Sahne mischen.
Den Wein erwärmen, die ausgedrückte Gelatine darin auflösen und unter die Sahne rühren.
Einen Tortenboden mit der Sahne bestreichen, den anderen Tortenboden auflegen. Kalt stellen.

Die Marzipan-Rohmasse mit 100 Gramm Puderzucker verkneten und in Tortengröße ausrollen.
Die Marzipanplatte auf die Torte legen und mit etwas Puderzucker bestäuben.
Die Schlagsahne mit dem Sahnefestiger und dem restlichen Puderzucker steif schlagen, den Tortenrand damit bestreichen und mit Mandelblättchen bestreuen.
Die Erdbeeren waschen und halbieren. Mit den Melisseblättchen rings um die Torte legen.

# Johannisbeer-Torte mit Gänseblümchen

**Für den Teig:**
100 g Marzipan-Rohmasse
6 EL Milch
180 g weiche Butter
100 g Zucker
4 Eier
150 g Mehl
1 EL Stärkemehl
2 gestrichene TL Backpulver
Butter für die Springform

**Für den Belag:**
6 Blatt weiße Gelatine
300 g Quark (20 %)
100 g Schmand
1 TL abgeriebene unbehandelte Zitronenschale
125 g Zucker
4 EL Aprikosengeist
½ Liter Schlagsahne
1,2–1,5 kg Johannisbeeren
200–250 g Johannisbeergelee
Minzeblättchen

***Tipp:***
*Besonders schön sieht die Torte aus, wenn sie mit verzuckerten Gänseblümchen – sie schmecken wie Marzipan – garniert wird. Dafür die frisch gepflückten, gereinigten Blüten mit einer Pinzette in leicht verschlagenes Eiweiß tauchen, abtropfen lassen, in feinem Zucker wälzen (keinen Puderzucker verwenden!) und in der Zuckerrüstung erstarren lassen.*

**Für den Teig** die Marzipan-Rohmasse zerkleinern und in erhitzter Milch auflösen. Butter und Zucker schaumig schlagen, nach und nach die Eier unterrühren. Die Marzipanmilch einrühren. Mehl, Stärkemehl und Backpulver vermischen, sieben und unterrühren.
Eine Springform ausbuttern, den Teig einfüllen und glatt streichen. Im vorgeheizten Backofen bei 180 °C (Gas Stufe 2, Umluft 160 °C) etwa 30 Minuten backen.
Herausnehmen und auskühlen lassen.

**Für den Belag** die Gelatine in kaltem Wasser einweichen. Quark, Schmand, Zitronenschale und Zucker verrühren. Den Aprikosengeist leicht erwärmen, die ausgedrückte Gelatine darin auflösen und in die Quarkmasse einrühren. Die Schlagsahne steif schlagen und unterheben.
Die Johannisbeeren waschen, abtropfen lassen und von den Rispen streifen. Die Torte mit der Creme bestreichen. Die Johannisbeeren darauf halbkugelförmig aufschichten und mit leicht erwärmtem Johannisbeergelee überziehen. Mit Minzeblättchen bestreuen.

*Welche Sorte Johannisbeeren Sie für dieses fruchtige Prachtstück verwenden, hängt davon ab, welche Sie besonders mögen. Am häufigsten und im Handel in der Regel am günstigsten sind die roten. Wer im eigenen Garten auch andere findet, darf ruhig experimentieren: Statt „nur“ zu den roten, erfrischend säuerlichen Beeren können Sie auch zu schwarzen Johannisbeeren greifen, sie schmecken etwas herber und geben der Torte noch eine zusätzliche Farbe. Geschmacklich den roten Beeren ganz nah kommen die weißen, ins rote oder rot-schwärzliche „Frucht-Meer“ gemengt, gehen sie allerdings optisch beinahe unter.*

# Mokka-Baiser-Torte mit Beeren und Kokosnuss

**Für die Baiserböden und -stäbchen:**
8 Eiweiß
2 EL Zitronensaft
225 g Zucker
100 g Puderzucker
1 EL Stärkemehl
2 EL Kakaopulver
1 EL Pulverkaffee (Instant)

**Für den Belag:**
750 g Beerenobst (Erdbeeren, Himbeeren, Heidelbeeren, Johannisbeeren)
3 Blatt weiße Gelatine
3 EL Kaffeelikör
1 Liter Schlagsahne
2 EL Zucker

**Außerdem:**
50–80 g frische Kokosnuss

***Tipp:***
*Die Baiserböden werden stabiler, wenn sie nach dem Backen mit Kuvertüre bestrichen werden. Dieser Tipp gilt auch für die Schneeflockentorte auf Seite 116.*

**Für die Baiserböden und -stäbchen** das Eiweiß steif schlagen, dabei nach und nach Zitronensaft und Zucker zugeben. Puderzucker, Stärkemehl, Kakaopulver und Pulverkaffee vermischen und vorsichtig unter den Eischnee heben.
Aus der Masse drei Böden backen und außerdem 16 bis 18 Stäbchen von 8 Zentimeter Länge und 3 Zentimeter Breite: Drei Backbleche mit Backpapier auslegen und mit einem Bleistift je einen Kreis von 25 Zentimeter Durchmesser anzeichnen. Die Baisermasse in einen Spritzbeutel mit Lochtülle und spiralförmig auf die skizzierten Kreise spritzen. An den Rand der Backbleche die Stäbchen spritzen. Dabei auf ausreichend Zwischenraum achten, weil die Masse beim Backen auseinander läuft.
Die Bleche nacheinander im vorgeheizten Backofen bei 120 °C jeweils 40 Minuten backen. Im Ofen auskühlen lassen.

**Für den Belag** die Beeren waschen und putzen. Gelatine in kaltem Wasser einweichen, ausdrücken und in leicht erwärmtem Kaffeelikör auflösen. Die Sahne mit dem Zucker steif schlagen.
2 Esslöffel Sahne in die Gelatine rühren, dann die restliche Sahne unterheben.
Zwei Baiserböden mit der Hälfte der Sahne bestreichen und aufeinander setzen. Den dritten Boden obenauf legen. Die restliche Sahne halbieren. Mit einer Hälfte den Rand bestreichen, die Baiserstäbchen andrücken. Die restliche Sahne in einen Spritzbeutel mit Sterntülle füllen und Rosetten aufspritzen.
In den Zwischenräumen das Beerenobst anordnen. Das Kokosnuss-Stück mit einem Sparschäler in dünne Späne schneiden und in einer Pfanne ohne Fett goldbraun rösten, dabei mehrmals wenden. Herausnehmen, auskühlen lassen und auf der Torte verteilen.

# Erdbeertorte

**Für die Verzierung:**
1–2 gerade aufgeblühte Holunderdolden (mit 3 cm langem Stängel)
1–2 Eiweiß
100–180 g Zucker

**Für den Teig:**
6 Eiweiß
300 g Puderzucker
2 EL Zitronensaft
Pergamentpapier

**Für den Belag:**
500 g Erdbeeren
2 EL Zucker
1 Päckchen roter Tortenguss
180–220 ml Schlagsahne
1 EL Zucker
75 g dunkle Schokoladenraspeln

**Für die Verzierung** 1 Tag vor der Backzeit die Holunderdolde(n) unter fließendem Wasser kurz abspülen, den Stiel oder die Stiele ins Wasser stellen, die Blüten trocknen lassen.
Eiweiß und 1 ½ bis 3 Esslöffel kaltes Wasser mit einer Gabel leicht verrühren und zwar so, dass kein Schaum entsteht. Eventuelle Bläschen entfernen. Die Holunderdolde(n) ganz oder zerteilt in die Eiweißmasse tauchen, dabei vorsichtig hin- und herbewegen. Herausnehmen, die Feuchtigkeit etwas abschwenken. Zuerst das Blüteninnere gleichmäßig und nicht zu dick mit Zucker bestreuen, danach das Äußere. Stiel oder Stiele auf eine hakenförmig auseinander gezogene Büroklammer spießen und aufhängen und über Nacht trocknen lassen.

Am Backtag **für den Teig** das Eiweiß steif schlagen. Nach und nach Puderzucker und Zitronensaft zugeben. Den Boden einer Springform von 28 Zentimeter Durchmesser mit Pergamentpapier auslegen. Die Baisermasse in einen Spritzbeutel mit Lochtülle füllen und spiralförmig eine gleichmäßige Schicht auf das Pergamentpapier spritzen. Zuletzt mit einer Sterntülle in regelmäßigen Abständen Tupfen auf den Rand setzen. Den Tortenboden bei 80 bis 90 °C etwa 2 Stunden mehr trocknen als backen lassen. Herausnehmen, den Boden noch warm von der Unterlage lösen.

**Für den Belag** das Beerenobst waschen und putzen. Kurz vor dem Servieren auf den Tortenboden legen und mit Zucker bestreuen. Den Tortenguss nach Vorschrift zubereiten und die Beeren damit überziehen. Die Sahne mit dem Zucker steif schlagen. Sahnekleckse auf den Tortenrand setzen und mit Schokoladenraspeln garnieren. Zuletzt die Holunderdolden in der Tortenmitte dekorativ verteilen.

# Fruchtige Mandeltorte Blätterteigtorte

## FRUCHTIGE MANDELTORTE

125 g Mandelblättchen
250 g weiße Kuvertüre
1 TL Öl
125 g Cornflakes
250 g Erdbeeren
6 Aprikosen
500 g Himbeeren
1 Blatt weiße Gelatine
2 TL Zucker
2 EL Weinbrand
300 ml Schlagsahne

100 g weiße Kuvertüre
und kandierte Veilchen
oder Borretschblüten zur
Dekoration
(s. Einleitung)

## BLÄTTERTEIGTORTE

**Für den Boden:**
400 g Tiefkühl-Blätterteig

**Für den Belag:**
4 Blatt weiße Gelatine
2 EL Himbeergeist
¾ Liter Schlagsahne
2 TL Zucker

1 kg Himbeeren

**Für die Glasur:**
200 g Himbeerkonfitüre
2 EL Himbeergeist
175 g Puderzucker
2 EL Zitronensaft
15 g weiche Butter

## FRUCHTIGE MANDELTORTE

Die Mandeln in einer Pfanne ohne Fett goldgelb rösten. Die Kuvertüre zerkleinern und mit dem Öl über dem Wasserbad schmelzen, Mandeln und Cornflakes untermischen. Eine Springform mit Backpapier belegen, die Mandelmasse einfüllen, glatt streichen und über Nacht bei etwa 20 °C fest werden lassen. Erdbeeren waschen und putzen. Aprikosen waschen, entsteinen und vierteln. Himbeeren waschen. Die Gelatine in etwas kaltem Wasser einweichen. Die Hälfte der Himbeeren pürieren, Zucker zugeben. Gelatine ausdrücken, in leicht erwärmtem Weinbrand auflösen und unter das Himbeerpüree rühren. Kalt stellen.

Die Sahne steif schlagen und auf den Mandelboden streichen. Früchte darauf verteilen, mit dem Püree überziehen. Kalt stellen. Für die Dekoration die Kuvertüre über dem Wasserbad bei geringer Hitze schmelzen. Erhärten lassen und nochmals schmelzen. Auf eine Marmorplatte gießen, glatt streichen, antrocknen lassen, mit einem Spatel fächerförmig zu Spänen zusammenschieben. Damit die Torte dekorieren – oder mit kandierten Blüten.

## BLÄTTERTEIGTORTE

Blätterteig auftauen, auf bemehlter Fläche ausrollen. 3 Böden (26 cm Ø) ausschneiden, nacheinander im vorgeheizten Ofen bei 200 °C (Gas Stufe 3, Umluft 180 °C) etwa 15 Minuten backen, auskühlen lassen.

**Für den Belag** Gelatine in etwas kaltem Wasser einweichen, ausdrücken, in leicht erwärmtem Himbeergeist auflösen. Sahne mit Zucker steif schlagen, davon 2 EL zur Gelatine rühren, dann den Rest unterheben. Kalt stellen. Himbeeren waschen. Himbeerkonfitüre durch ein feines Sieb streichen, mit Himbeergeist verrühren, leicht erwärmen, abkühlen lassen, auf einen Tortenboden streichen. Puderzucker sieben, mit Zitronensaft und Butter glatt rühren. Denselben Tortenboden glasieren, trocknen lassen, in 12 gleich große Stücke schneiden. Einen Tortenboden mit ⅓ der Sahne bestreichen und mit der Hälfte der Himbeeren belegen. Den 2. Tortenboden aufsetzen, mit ⅓ der Sahne bestreichen, mit den restlichen Himbeeren belegen. Die restliche Sahne in einen Spritzbeutel füllen, Rosetten auf den Tortenrand spritzen. Die glasierten Bodenstücke zwischen die Rosetten setzen.

# Schokoladen-Traumtorte

**Für eine Torte von 26 cm Durchmesser**

**Für den Teig:**
5 Eier
250 g Zucker
75 g Mehl
75 g Speisestärke
2 EL Kakao
Salz

**Für die Form:**
Butter

**Für die Karamellcreme:**
250 g Zucker
300 ml Milch
6 Blatt weiße Gelatine
2 Eigelb
350 ml Schlagsahne
75 g Zucker
100 ml Kognak

**Für die Schokoladencreme:**
2 Blatt weiße Gelatine
4 Eier
2 EL Zucker
300 g Zartbitterschokolade
200 ml Schlagsahne

**Für die Dekoration:**
300 g Halbbitterkuvertüre
Kakaopulver
Puderzucker

**Für den Teig** Eier trennen. Eigelb und Zucker cremig schlagen. Mehl, Speisestärke und den Kakao sieben und unter die Eigelbmasse rühren. Eiweiß und 1 Prise Salz steif schlagen und vorsichtig unterheben. Teig in eine nur am Boden eingefettete Springform füllen und im vorgeheizten Backofen bei 175 °C (Gas Stufe 2) etwa 30 Minuten backen.

**Für die Karamellcreme**
230 Gramm Zucker in einem Topf unter Rühren schmelzen, bis der Zucker hellbraun ist. Von der Kochstelle nehmen, Milch ganz vorsichtig zugießen. Erhitzen und rühren, bis der Zucker aufgelöst ist. Vorsicht, es spritzt leicht! Gelatine in kaltem Wasser einweichen. Eigelb und restlichen Zucker verquirlen. Die heiße Karamellmilch dazugießen. Unter Rühren so lange erhitzen, bis eine leichte Bindung entsteht.
In eine Schüssel gießen. Die ausgedrückte Gelatine in der heißen Karamellmilch auflösen und kalt stellen.
Sahne steif schlagen. Wenn die Creme zu gelieren beginnt, Sahne unterheben und wieder kalt stellen.
Zucker und 100 Milliliter Wasser aufkochen, bis der Zucker vollständig gelöst ist. Erkalten lassen und den Kognak zufügen.
Biskuitboden waagrecht halbieren. Mit der Hälfte des Kognak-Sirups beträufeln. Karamellcreme darauf verteilen und mit dem zweiten Boden belegen. Torte kalt stellen.

**Für die Schokoladencreme**
Gelatine in kaltem Wasser einweichen. Eier trennen, Eigelb und Zucker schaumig schlagen. Schokolade raspeln und im Wasserbad schmelzen. Sahne und Eiweiß getrennt steif schlagen. Abgetropfte Gelatine unter Rühren im heißen Wasserbad auflösen. Gelatine unter die Eigelbcreme rühren, dann Schokolade, Schlagsahne und Eischnee unterheben. Torte mit dem restlichen Sirup beträufeln. Mit Schokoladencreme bestreichen. Torte mindestens 4 Stunden, besser über Nacht, kalt stellen.

**Für die Dekoration** in Stücke gebrochene Kuvertüre im Wasserbad schmelzen. Mit einer Palette oder einem Messer flüssige Kuvertüre dünn auf Pergamentpapier aufstreichen. Im Kühlschrank fest werden lassen. Schokoladenplatte in kleine Stücke brechen und die Torte damit verzieren. Mit Puderzucker ganz fein bestäuben.

# Kalte Aprikosentorte

250 g Löffelbiskuits
200 g weiche Butter
2 Blatt weiße Gelatine
125 g Zucker
4 Eigelb
1 TL abgeriebene unbehandelte Zitronenschale
4 EL Zitronensaft
750 g Mascarpone
400 ml Schlagsahne
1 kg Aprikosen
je 75 g weiße und dunkle geraspelte Kuvertüre

**Außerdem:**
200 ml Schlagsahne
1 Päckchen Vanillezucker
1 TL Zucker

Die Biskuits zerbröseln und mit 100 Gramm Butter verarbeiten. Den Boden einer Springform mit Backpapier auslegen, die Biskuitmasse darauf geben. Im vorgeheizten Backofen bei 180 °C (Gas Stufe 2, Umluft 160 °C) 8 bis 10 Minuten backen.
Herausnehmen und auskühlen lassen.
Die Gelatine in etwas kaltem Wasser einweichen. Die restliche Butter mit Zucker und Eigelb schaumig schlagen. Zitronenschale, Zitronensaft und Mascarpone unterschlagen. Die Gelatine tropfnass in einem kleinen Topf bei geringer Hitze auflösen und unterziehen.
Die Schlagsahne steif schlagen und unterheben. Den Rand einer Springform einfetten und Backpapierstreifen anlegen. Die Sahne-Masse auf den Biskuitboden geben und glatt streichen.
Für etwa 4 Stunden in den Tiefkühlschrank stellen.

Die Torte aus der Form nehmen, auf einen Kuchenteller setzen. Die Aprikosen waschen, entsteinen und halbieren. Auf der Torte anordnen und mit geraspelter Kuvertüre bestreuen.

**Zur Dekoration** die Schlagsahne mit dem Vanillezucker und dem Zucker steif schlagen, in einen Spritzbeutel mit Lochtülle füllen, die Torte ringsum bespritzen.

*Mascarpone ist ein gesäuerter Sahne-Frischkäse, der aus frischer Kuhmilchsahne hergestellt wird. Etwas „gewaltig" ist freilich sein Fettgehalt: 45 bis 50 Prozent. Der Köstliche ist von mildem, sahnigen Geschmack – vergleichbar mit Crème fraîche, die Konsistenz ähnelt Buttercreme, seine Farbe variiert zwischen leuchtend weiß und zartgelb. Mascarpone ist die Hauptzutat für das berühmte Dessert tiramisù und er verträgt sich gut mit Konfitüren, Früchten und Sirup.*

# Eistorte

750 g stichfeste saure Sahne
Saft von ½ Zitrone
1 TL abgeriebene unbehandelte Zitronenschale
200 g Zucker
2 EL Zwiebackbrösel
4 Eiweiß
1 Prise Salz
½ Liter Schlagsahne
1 Päckchen Sahnesteif
1 Päckchen Vanillezucker
3 Kiwis
4 EL gehackte Pistazien

**Außerdem:**
Schokofrüchte zum Garnieren

Die saure Sahne in ein Leinentuch füllen, über einem Sieb abtropfen lassen und in eine Schüssel füllen. Mit Zitronensaft und -schale und etwa 180 Gramm Zucker verrühren.
Den Boden und den Rand einer Springform mit Backpapier auslegen. Zwiebackbrösel einstreuen. Das Eiweiß mit 1 Esslöffel Zucker und 1 Prise Salz steif schlagen. ¼ Liter Schlagsahne steif schlagen und mit dem Eischnee unter die saure Sahne heben. Die Masse in die Springform füllen und 3 Stunden in den Gefrierschrank stellen.
Eine halbe Stunde vor dem Servieren die Masse aus dem Eisfach in den Kühlschrank stellen. Die Kiwis schälen, halbieren und in Scheiben schneiden. Die restliche Sahne mit dem Sahnesteif und dem Vanillezucker steif schlagen und in einen Spritzbeutel mit Lochtülle füllen.
Die Torte aus der Form nehmen, das Backpapier entfernen. Die Tortenoberfläche mit der Sahne bespritzen. Kiwischeiben auf der Torte anordnen. Pistazien aufstreuen. Den Rand mit Schokofrüchten dekorieren. Sofort servieren.

***Tipp:***
*Schokofrüchte – Erdbeeren, Johannisbeeren, Trauben, Bananen- und Ananasstücke, Orangenfilets, Kirschen – lassen sich ganz leicht herstellen. Dafür Vollmilch- oder Zartbitterkuvertüre im Wasserbad bei mäßiger Hitze zum Schmelzen bringen, gewaschene Früchte auf ein Holzstäbchen stecken, zur Hälfte in die Kuvertüre tauchen und die überflüssige Kuvertüre abtropfen lassen. Dann lässt man die überzogenen Früchte auf einem kühlen Teller trocknen.*

# Warme Eistorte

**Für das Eis:**
¾ Liter Schlagsahne
100 g Zucker
6 Mandelmakronen
4 EL Maraschino
400 g Erdbeeren
100 g Zartbitterschokolade
1 TL abgeriebene unbehandelte Orangenschale
1 EL Milch

**Für den Teig:**
4 Eier
125 g Zucker
1 Päckchen Vanillezucker
100 g Mehl, 25 g Stärkemehl, 1 TL Backpulver

**Für die Baiserhaube:**
3 Eiweiß,1 TL Zitronensaft
1 EL Zucker
nach Belieben 2 EL gemahlene Haselnusskerne
1 TL Kakao zum Bestäuben

***Tipp:***
*Damit dieses Kunstwerk auch wirklich gelingt, stellen Sie zur Sicherheit den Teig gleich zweimal her. Sollte die erste Biskuitrolle doch zerbrechen, so hat man immer noch eine zweite in Hinterhand. Die Haselnüsse für die Baiserhaube verbessern zwar den Geschmack, können aber das Eiweiß im ungünstigen Fall wieder zu flüssig machen.*

**Für das Eis** die Sahne steif schlagen, Zucker einrieseln lassen. Die Sahne in 3 Teile teilen. Mandelmakronen zerkrümeln, mit Maraschino beträufeln.
Die Erdbeeren waschen, putzen und pürieren. Schokolade zerkleinern, im Wasserbad schmelzen, mit Orangenschale und Milch verrühren und auskühlen, aber nicht fest werden lassen.
⅓ Sahne mit der Makronenmasse vermischen, ⅓ mit Erdbeerpüree. Unter das letzte Sahnedrittel die Schokoladenmasse mischen. Die helle Creme in eine kalt ausgespülte Kastenform (26 x 10 x 8 cm) füllen, einige Minuten im Tiefkühlschrank anfrieren lassen. Dann die Erdbeercreme einfüllen, ebenfalls anfrieren lassen. Zuletzt die Schokoladencreme obenauf geben und glatt streichen. Im Tiefkühlschrank über Nacht gefrieren lassen.
**Für den Teig** die Eier trennen. Eigelb in eine Schüssel geben und mit 2 EL warmem Wasser cremig schlagen. Nach und nach Zucker und Vanillezucker unterrühren. Eiweiß steif schlagen und unterheben. Mehl, Stärkemehl und Backpulver vermischen, auf die Eimasse sieben und unterziehen.
Ein Backblech mit Backpapier auslegen, den Teig auffüllen, glatt streichen und im vorgeheizten Backofen bei 200 °C (Gas Stufe 3, Umluft 180 °C) 12 bis 15 Minuten backen.
Ein Küchenhandtuch mit Zucker bestreuen, die heiße Teigplatte darauf geben, sofort das Papier abziehen. Die Teigplatte mit Hilfe des Tuches der Länge nach aufrollen und auskühlen lassen.
Die ausgekühlte Biskuitrolle vorsichtig wieder auseinander wickeln. Das Eis aus dem Gefrierschrank nehmen, die Form kurz in heißes Wasser tauchen und das Eis auf den Biskuitteig gleiten lassen. Die Seiten des Biskuits über das Eis schlagen.
Für die Baiserhaube das Eiweiß steif schlagen, dabei nach und nach Zitronensaft, Zucker und – gegebenenfalls – Haselnüsse zugeben. Ein Backblech ausbuttern, die Eistorte so darauf geben, dass die „Nahtstelle" auf dem Blech liegt. Die Torte rundum dick mit der Eischneemasse bestreichen. Im vorgeheizten Backofen bei 220 °C 2 bis 3 Minuten überbacken.
Herausnehmen, mit Kakao besieben und sofort servieren. Nach Belieben gezuckerte Erdbeeren dazu reichen.

# Pfefferkuchentorte

**Für den Teig:**
100 g Butter
200 g Zucker
2 Eier, 1 Prise Salz
250 g Honig
500 g Mehl
20 g Pfefferkuchengewürz
10 g Pottasche
2 EL Rum
Butter für die Springform

**Für die Füllung:**
100 g Butter
150 g Zucker
200 g gehackte Mandeln
2 EL Aprikosenmarmelade
200 g Aprikosenkonfitüre

**Für die Glasur:**
3 EL Kakao
200 g Puderzucker
20 g Butter

**Für das Adventslicht:**
100 g Marzipan-Rohmasse
1 EL Puderzucker
rote Lebensmittelfarbe

**Nach Belieben:**
Pralinen zum Garnieren

***Tipp:***
*Wer keine Adventskerze als Verzierung wählt, kann auch selbst hergestellte Pralinen (s. Einleitung) als Garnitur wählen. Sie halten am besten, wenn sie etwas in die noch warme Glasur gedrückt werden.*

**Für den Teig** die Butter schaumig schlagen. Zucker, Eier, Salz und Honig zugeben, alles gut verrühren. Mehl und Pfefferkuchengewürz vermischen und darüber sieben. Die Pottasche im Rum auflösen und ebenfalls zum Teig geben. Einen glatten Teig bereiten und zugedeckt 1 bis 2 Tage in den Kühlschrank stellen.
Eine Springform ausbuttern, den Teig einfüllen und im vorgeheizten Backofen bei 200 °C (Gas: Stufe 3, Umluft 180 °C) etwa 40 Minuten backen.
Herausnehmen und auskühlen lassen. In der Mitte einmal durchschneiden.

**Für die Füllung** Butter und Zucker leicht erwärmen, die Mandeln hineingeben und unter Rühren bräunen. Etwas auskühlen lassen und die Aprikosenmarmelade unterrühren.
1 Teigplatte mit Aprikosenkonfitüre bestreichen, die ausgekühlte Mandelmasse darüber geben. Die 2. Kuchenplatte aufsetzen.

**Für die Glasur** Kakao und Puderzucker mit so viel Wasser glatt rühren, dass eine dickflüssige Masse entsteht. Zerlassene Butter unterrühren die Torte mit der Glasur überziehen. Kalt stellen.

**Für die Dekoration** Marzipan-Rohmasse und Puderzucker verkneten, 1 bis 2 Tropfen Lebensmittelfarbe einarbeiten, ausrollen und ein Lichtlein ausschneiden. Auf der Tortenmitte anordnen. Wer mag, kann statt mit dem Adventslicht die Torte ringsum mit Pralinen – Rezepte stehen in der Einleitung – verzieren.

*Aus Pfefferkuchenteig entstehen Kuchen und feine, mit Mandeln gespickte und mit Zuckerguss verzierte Lebkuchen, mal rund, mal quadratisch, mal rechteckig, stern- oder herzförmig. Seit über 400 Jahren werden diese Leckereien schon bereitet. Am bekanntesten sind die Pfefferkuchen aus Pulsnitz oder Nürnberg. Wie es dereinst bei Pfefferküchlers zuging, die noch ohne moderne Technik, aber nicht ohne Geschicklichkeit und Phantasie zurechtkommen mussten, kann man in dem kleinen Städtchen Weißenberg – etwa 30 Kilometer von Pulsnitz entfernt – nachvollziehen. Dort können Küche, Ofen, Model und viele, viele Gerätschaften bestaunt werden.*

# Wintertorte
# Schneeflockentorte

## WINTERTORTE

je 100 g Sultaninen und Korinthen
4 EL Weinbrand
50 g getr. Aprikosen
50 g Zitronat, 6 Eier
150 g Butter, 150 g Zucker
je 1 Prise Salz, Zimt und Ingwer, 200 g Mehl
1 TL Backpulver

100 ml Weinbrand

**Creme:** 1/4 Liter Milch
1/2 Päckchen Puddingpulver Vanillegeschmack
1 Päckchen Vanillezucker
2 EL Zucker, 75 g Butter
40 g Kokosfett
200 g geraspelte bittere Schokolade

## SCHNEEFLOCKENTORTE

6 Eiweiß, 2 EL Zitronensaft, 300 g Puderzucker,
1 EL Stärkemehl
100 g geröstete geriebene Mandeln
**Belag:** 1 kg Grapefruitfilets gelb und rosa
**Gelee-Guss:**
2 Blatt weiße Gelatine
400 g frische Ananas
2 EL Zucker, je 6 EL Ananassaft und Weißwein
**Dekoration:**
1/4 Liter Schlagsahne
1 Päckchen Vanillezucker
1 TL Zucker

## WINTERTORTE

Sultaninen und Korinthen mit Weinbrand beträufeln. Aprikosen und Zitronat fein schneiden. Eier trennen. In einer Schüssel Butter, Zucker, Salz, Zimt und Ingwer schaumig schlagen. Nach und nach Eigelb, Sultaninen, Korinthen, Aprikosen und Zitronat unterrühren. Mehl mit Backpulver mischen, auf den Teig sieben und vorsichtig unterheben. Eiweiß steif schlagen und unterheben. Eine Kastenform mit Backpapier auslegen, Teig einfüllen und bei 200 °C (Gas: Stufe 3, Umluft 180 °C) etwa 50 Minuten backen.
Herausnehmen, auskühlen lassen und stürzen. Den Weinbrand in die Form gießen, Kuchen hineinlegen, über Nacht stehen lassen. Am nächsten Tag die Creme bereiten: In etwas Milch Puddingpulver verrühren, restliche Milch zum Kochen bringen, Puddingansatz, Vanillezucker und Zucker einrühren, Butter und Kokosfett zugeben. Alles kurz aufkochen lassen, vom Herd nehmen, zum Erkalten beiseite stellen. Ab und zu umrühren, damit sich keine Haut bildet.
Die Creme auf den Kuchen streichen. Geraspelte Schokolade aufstreuen.

## SCHNEEFLOCKENTORTE

**Für den Boden** Eiweiß steif schlagen, nach und nach Zitronensaft, Puderzucker, Stärkemehl und Mandeln zufügen. Die Masse muss schnittfest sein. Eine Springform (26 cm Ø) unten mit Backpapier auslegen. 3/4 der Baisermasse in einen Spritzbeutel mit glatter Tülle füllen und spiralförmig gleichmäßig von der Mitte aus auf das Papier spritzen. Die restliche Masse in einen Spritzbeutel mit Sterntülle geben, auf den Teigrand ringsum Rosetten aufspritzen. Den Boden im Ofen bei 90 °C etwa 1 Stunde mehr trocknen als backen lassen.
Im Ofen auskühlen lassen, aus der Form nehmen, Backpapier entfernen.
**Für den Guss** Gelatine in etwas kaltem Wasser einweichen. Ananas zerteilen, mit Zucker, Ananassaft und Weißwein erhitzen und – wichtig! – kurz aufwallen lassen. Vom Herd nehmen, sieben, Gelatine ausdrücken, zur Ananasmasse geben und glatt rühren. Die Torte mit Grapefruitfilets belegen und diese mit Gelee überziehen.
**Für die Dekoration** Sahne mit den Zuckern steif schlagen, aus einem Spritzbeutel Schneeflocken spritzen.

# Baumkuchentorte

10 Eier
200 g Zucker
1 Päckchen Vanillezucker
½ TL abgeriebene unbehandelte Zitronenschale
200 g Butter
125 g Mehl
80 g Stärkemehl
Butter für die Springform

**Außerdem:**
nach Belieben und Musterwahl bis zu je 150 g halbbittere und weiße Kuvertüre

***Tipp:***
*Wer über einen Grill verfügt, kann die Backzeit verkürzen. Unter dem vorgeheizten Grill bräunt die Teigschicht in 1 bis 2 Minuten.*

Die Eier trennen. Eigelb in eine Schüssel geben und mit Zucker, Vanillezucker und Zitronenschale schaumig schlagen. Die Butter ebenfalls in einer Schüssel schaumig schlagen. Mehl und Stärkemehl vermischen, auf die Butter sieben und unterrühren. Die Eigelbmasse zufügen und untermischen.
Eiweiß steif schlagen und unter den Teig heben. Eine Springform ausbuttern, 1 bis 2 Esslöffel Teig hineingeben, glatt streichen und im vorgeheizten Backofen etwa 4 Minuten backen. Auf die gebräunte Schicht erneut 1 bis 2 EL Teig geben, glatt streichen und im Backofen 4 Minuten backen. Diesen Vorgang wiederholen, bis der Teig aufgebraucht ist. Den Kuchen auf einem Gitter auskühlen lassen.
Die Kuvertüre im Wasserbad schmelzen. Den Kuchen damit vollständig überziehen. Wer mag, zieht mit etwas dunkler Kuvertüre auf hellem Untergund Muster

**Variante:**
Aus dem Kuchen lassen sich Baumkuchenecken herstellen. Dafür schneidet man den Kuchen in kleine Ecken, spießt sie auf eine Gabel, taucht sie in geschmolzene weiße oder zartbittere Kuvertüre und setzt sie zum Trocknen auf ein Kuchengitter.

*Die Baumkuchentorte ist bereits eine Delikatesse. Dennoch lässt sich das noch steigern: Für eine mit Wein verfeinerte Leckerei wird die Torte in kleine Würfel geschnitten und in eine feuerfeste Form gefüllt. Dann verrührt man 200 Milliliter Weißwein, 1 Teelöffel abgeriebene unbehandelte Orangenschale, 1 Ei, 1 Eigelb und 4 Esslöffel Zitronensaft und gibt die Flüssigkeit über die Tortenwürfel. Man lässt die Speise im Wasserbad im vorgeheizten Backofen bei 200 °C (Gas: Stufe 3, Umluft 180 °C) 15 Minuten garen. Danach herausnehmen, auskühlen lassen, in Scheiben schneiden, auf Kuchentellern anrichten. Dazu passt eine Orangensauce: 2 Eigelb mit 1 Esslöffel Zucker verschlagen. In einem Topf ¼ Liter Schlagsahne aufkochen, vom Herd nehmen, die Eigelbmischung untermischen und weiter schlagen, bis die Sauce cremig ist. Dann 4 Esslöffel Orangenlikör unterrühren. – Dritte im Bunde ist – wenn Sie wollen – Schlagsahne, verziert mit Schokoladenraspeln.*

# Nusstorte

**Für den Teig:**
5 Eier
150 g Zucker
1 Prise Salz
100 g Mehl
100 g Stärkemehl
2 gestrichene TL Backpulver
80 g gemahlene Haselnüsse

**Für die Füllung:**
1 Päckchen Schokoladen-Puddingpulver
125 g Zucker
1 EL Kakaopulver
½ Liter Milch
250 g Butter

**Außerdem:**
200 g Aprikosenkonfitüre
4 EL Obstgeist
200 g gehackte geröstete Haselnüsse
200 g Marzipan-Rohmasse
Schokoladenstreusel

***Tipp:***
*Mit Creme gefüllte Torten lassen sich leichter schneiden, wenn man das Messer zuvor in heißes Wasser taucht und abtrocknet.*

**Für den Teig** die Eier trennen. Das Eigelb in eine Schüssel geben und mit 2 Esslöffeln warmem Wasser schaumig schlagen. Nach und nach den Zucker einrieseln lassen und alles cremig schlagen. Das Eiweiß mit dem Salz steif schlagen und vorsichtig unterziehen. Mehl, Stärkemehl und Backpulver vermischen, auf die Eiercreme sieben und zusammen mit den Haselnüssen unterheben. Eine Springform mit Backpapier auslegen, den Teig einfüllen, glatt streichen und im vorgeheizten Backofen bei 180 °C (Gas: Stufe 2, Umluft 160 °C) etwa 30 Minuten backen.
Herausnehmen, etwas auskühlen lassen. Aus der Form nehmen und auf ein Kuchengitter setzen. Auskühlen lassen und dann zweimal waagerecht durchschneiden.

**Für die Füllung** das Puddingpulver mit dem Zucker, Kakaopulver und etwas kalter Milch glatt rühren. Die restliche Milch zum Kochen bringen, das angerührte Puddingpulver unter Rühren eingießen und kurz aufkochen lassen. Vom Herd nehmen und auskühlen lassen. Dabei öfter umrühren, damit sich keine Haut bildet.

Die Butter schaumig schlagen und den Pudding esslöffelweise unterrühren. Dabei darauf achten, dass Butter und Pudding die gleiche Temperatur haben, damit die Creme nicht gerinnt.

Die Aprikosenkonfitüre durch ein Sieb streichen und mit dem Obstgeist verrühren. Zwei Tortenböden zuerst mit Konfitüre, dann mit je einem Viertel der Creme bestreichen und aufeinander setzen. Den dritten Boden obenauf geben und mit einem weiteren Viertel der Creme rundum bestreichen.

Die restliche Creme in einen Spritzbeutel mit Lochtülle füllen. Die Tortenmitte im Durchmesser von 10 Zentimeter mit der Hälfte der gerösteten Haselnüsse bestreuen. Aus dem Marzipan kleine Kugeln formen und in den restlichen Haselnüssen wälzen. In die Tortenmitte auf die Nüsse setzen. Rundherum mit dem Spritzbeutel beliebig viele, kecke, große und kleine Tupfen setzen, die Spitzen hochziehen.
Den Tortenrand mit Schokoladenstreuseln garnieren.

# Schokoladentorte

**Für den Teig:**
150 g Mandeln
300 g Halbbitterkuvertüre
1 EL Kakaopulver
5 Eier
80 g Zucker
2 EL Rum
1 Prise Salz
125 g Mehl
50 g Stärkemehl
1 ½ TL Backpulver
150 g weiche Butter

**Für die Füllung:**
1 Päckchen Schokoladen-Puddingpulver
1 EL Kakaopulver
2 EL Zucker
½ Liter Milch
175 g Nussnougat
300 g Butter

**Für die Dekoration:**
2 Eigelb
100 g Zucker
50 g Butter
1 EL Schlagsahne
6 EL sehr stark gebrühter schwarzer Kaffee
1 Päckchen Vanillezucker
250 g zartbittere Schokolade
150 g Vollmilchkuvertüre
50–100 g geröstete Mandelblätter

Mandeln kochend überbrühen, abziehen, im Backofen goldbraun rösten, auskühlen lassen, mahlen. Kuvertüre zerkleinern, im Wasserbad zum Schmelzen bringen, Kakao einrühren.

Eier trennen. Eigelb in einer Schüssel mit 2 EL warmem Wasser schaumig schlagen. Nach und nach Zucker unterschlagen, bis die Masse cremig ist. Rum zufügen. Eiweiß mit Salz steif schlagen und unterheben.

Mehl, Stärkemehl und Backpulver vermischen, über die Eimasse sieben und mit Kuvertüre, Mandeln und Butter unterziehen. Eine Springform (26 cm Ø) mit Backpapier auslegen, Teig einfüllen und glatt streichen. Im vorgeheizten Backofen bei 180 °C (Gas: Stufe 2, Umluft 160 °C) etwa 45 Minuten backen.

Herausnehmen, Tortenboden bald aus der Form nehmen, auf einem Gitter auskühlen lassen, zweimal waagerecht durchschneiden.

**Für die Füllung** Puddingpulver, Kakao und Zucker in etwas kalter Milch glatt rühren. Restliche Milch zum Kochen bringen, Puddingansatz einrühren, kurz aufkochen lassen, vom Herd nehmen, auskühlen lassen. Ab und zu umrühren, damit sich keine Haut bildet.

Das Nougat zerkleinern, im Wasserbad leicht erwärmen, Butter einschlagen, esslöffelweise den Pudding einrühren. Die Hälfte Creme auf zwei Tortenböden verteilen und glatt streichen. Die Böden übereinander, den dritten Boden obenauf setzen. Mit einem Teil der restlichen Creme die Torte rundum bestreichen. Mit gezacktem Teigschaber wellige Linien in den Tortenrand ziehen. Den Rest Creme in einen Spritzbeutel mit Sterntülle füllen. Die Tortenoberseite von innen her mit Tupfen verzieren. Kalt stellen.

**Für die Dekoration** Eigelb mit Zucker verrühren, im Wasserbad erwärmen. Butter, Sahne, Kaffee, Vanillezucker zugeben. Unter Rühren erhitzen. Zerkleinerte Schokolade zugeben und glatt rühren. In eine Form mit Backpapier die Masse 1 cm dick geben, glatt streichen, erstarren lassen. Mit kleinen Ausstechformen Herzen, Kleeblätter, Sonnen, Monde, Rhomben ausstechen.

Kuvertüre zerkleinern, im Wasserbad schmelzen, die ausgestochene Schokolade mit Hilfe einer Pralinengabel hineintauchen und abtropfen lassen. Zum Trocknen auf ein Pralinengitter setzen. Die Torte reichlich mit Pralinen und Mandelblättern dekorieren.

HELLMA
ZUCKER

# Mandeltorte mit Buttercreme

**Teig:**
4 Eier
125 g Zucker
1 Päckchen Vanillezucker
1 EL Zitronensaft
2 EL Weinbrand
50 g Butter
1 Prise Salz
150 g Mehl
50 g Stärkemehl
1 TL Backpulver
50 g gemahlene Mandeln

**Mandelröllchen:**
je 100 g brauner Zucker und Honig
125 g Butter
150 g gemahlene Mandeln
50 g Mehl, 3–4 EL Milch

**Creme:**
400 g Zartbitterkuvertüre
450 g Butter
200 g Puderzucker
6 Eigelb

**Außerdem:**
Pralinen zum Garnieren (s. Einleitung)
125 g Johannisbeergelee für den Böden

***Tipp:***
*Nicht mehr als 4 Mandelkreise gleichzeitig backen, damit sie sich noch warm zu Röllchen wickeln lassen.*
*Als Verzierung eignen sich auch geraspelte Schokolade, goldene und silberne Zuckerperlen.*

Die Eier trennen. Eigelb mit 2 EL heißem Wasser schaumig schlagen. Nach und nach Zucker, Vanillezucker, Zitronensaft und Weinbrand zugeben. Schlagen, bis die Masse cremig ist. Butter zerlassen und abkühlen lassen. Eiweiß mit Salz steif schlagen und vorsichtig zur Eigelb-Masse unterheben. Mehl, Stärkemehl und Backpulver vermischen, auf die Eiermasse sieben und vorsichtig mit gemahlenen Mandeln und Butter unterheben. Nicht rühren.

Eine Springform (26 cm Ø) mit Backpapier auslegen, Teig einfüllen, glatt streichen, im vorgeheizten Backofen bei 180 °C (Gas: Stufe 2, Umluft 160 °C) etwa 35 Minuten backen.

Herausnehmen, etwas auskühlen lassen, aus der Form nehmen. Backpapier entfernen, den Tortenboden auf einem Gitter auskühlen lassen, zweimal waagerecht durchschneiden.

**Für die Mandelröllchen** Zucker, Butter und Honig unter Rühren erhitzen, bis sich der Zucker aufgelöst hat. Vom Herd nehmen, Mandeln zugeben. Mehl mit Milch verquirlen, einrühren, erhitzen, einige Male aufwallen lassen, dabei stets gut umrühren. 5 Minuten auskühlen lassen.

Ein Backblech mit Backpapier auslegen. Mandelmasse in Kreisen von 10 cm Durchmesser aufstreichen und im vorgeheizten Ofen bei 180 °C (Gas: Stufe 2, Umluft 160 °C) etwa 5 Minuten backen; nicht länger, damit die Masse biegbar bleibt. Herausnehmen, sofort um den Griff eines gebutterten Kochlöffels wickeln, Röllchen abstreifen, auf ein Gitter setzen, auskühlen lassen.

**Für die Creme** Kuvertüre zerkleinern, im Wasserbad schmelzen. Butter schaumig schlagen. Puderzucker sieben und nach und nach mit Eigelb unterschlagen. Die flüssige, ausgekühlte Kuvertüre unterrühren. Kalt stellen, bis die Creme fest geworden ist.

Die Hälfte Creme sowie Johannisbeergelee auf 2 Tortenböden verteilen und glatt streichen. Die Böden aufeinander setzen, den 3. Boden obenauf geben. Die Torte ringsum mit Creme bestreichen. Den Rest Creme in eine Spritztüte mit Lochtülle füllen, auf die Tortenoberfläche spritzen, dabei Spitzen hochziehen. Einen Hauch Kakaopulver darüber sieben. Die Mandelröllchen halbieren, mit der Schnittfläche nach unten ringsum anstellen und etwas andrücken. Mit Pralinen garnieren. Kalt stellen.

# Prinzregententorte

**Für den Teig:**
250 g Butter
4 Eier
250 g Zucker
1 Prise Salz
½ TL abgeriebene unbehandelte Zitronenschale
200 g Mehl
2 EL Stärkemehl
1 TL Backpulver
Butter für die Backform

**Für die Creme:**
300 g zimmerwarme Butter
1 Päckchen Schokoladen-Puddingpulver
2 TL Stärkemehl
100 g Zucker
2 EL Kakao
½ Liter Milch

**Für die Glasur:**
250 g Puderzucker
3 EL Kakaopulver
30 g weiche Butter

**Außerdem:**
halbierte Pistazien zur Garnierung

***Tipp:***
*Damit es schneller geht, sind 2 Springformen hilfreich: 1 mit Teig im Ofen, 1 mit einem fertigen Boden draußen, der dann auf das Kuchengitter gezogen wird – immer im Wechsel.*

**Für den Teig** die Butter zerlassen und abkühlen lassen. Eier trennen. Eigelb mit Zucker dickschaumig rühren. Salz, Zitronenschale und die Butter einrühren. Mehl, Stärkemehl und Backpulver vermischen, sieben und nach und nach unterrühren. Eiweiß zu steifem Schnee schlagen und vorsichtig unter den Teig ziehen. Aus dem Teig 8 Böden backen. Dafür jeweils einen Springformboden von 26 cm Durchmesser ausbuttern und gleichmäßig mit ⅛ des Teiges bestreichen. Im vorgeheizten Backofen bei 180 °C (Gas: Stufe 2, Umluft 160 °C) 7 bis 8 Minuten backen. Die Böden sollen goldgelb sein.
Nach dem Backen die Böden sofort vom Springformboden lösen und auf einem Gitter auskühlen lassen.
**Für die Creme** Butter auf Zimmertemperatur bringen. Puddingpulver mit Stärkemehl, Zucker und Kakao in etwas kalter Milch glatt rühren. Restliche Milch zum Kochen bringen, die angerührte Masse hineingeben, gut verrühren und kurz aufkochen lassen. Vom Herd nehmen und auf Zimmertemperatur auskühlen lassen. Dabei mehrmals umrühren, damit sich keine Haut bildet.
Die zimmerwarme Butter schaumig schlagen. Esslöffelweise den Pudding einrühren. 7 ausgekühlte Tortenböden mit der Creme bestreichen und aufeinander setzen, etwas Creme für die Dekoration übrig lassen. Den letzten Boden unbestrichen auf die Torte geben.
**Für die Glasur** Puderzucker und Kakao vermischen, in eine Schüssel sieben. 2 EL heißes Wasser und die Butter zufügen. Alles zu einer dickflüssigen Masse verrühren. Die Torte ringsum mit einem breiten Messer bestreichen und kühl stellen.
Mit dem Rest Creme Häufchen – 12 bis 20 je nach Größe der Stücke – aufspritzen und dorthin halbierte Pistazien stecken.

*Prinz Luitpold (1821–1912), der Onkel von Ludwig II., dem „Märchenkönig", hätte nach dessen rätselhaftem Tod 1886 im Starnberger See eigentlich keinen Anspruch auf den bayerischen Thron gehabt. Der jüngere Bruder Ludwigs, Otto, war jedoch aus gesundheitlichen Gründen nicht in der Lage zu regieren. So kümmerte sich Prinzregent Luitpold um das Schicksal Bayerns und das offenbar mit viel Geschick.*

# Festtagstorte

**Für den Teig:**
5 Eier
150 g Zucker
1 Päckchen Vanillezucker
80 g gemahlene Mandeln
150 g Mehl
75 g Stärkemehl
3 EL Kakao
2 TL Backpulver

**Für die Creme:**
250 g zimmerwarme Butter
1 Päckchen Vanillepuddingpulver
2 EL Zucker
½ Liter Milch
150 g Himbeerkonfitüre

**Für den Guss:**
250 g Puderzucker
1 Eiweiß,
1–2 EL Zitronensaft

**Für die Dekoration:**
200 g Puderzucker
3 EL Kakao
30 g Butter
Pralinen (s. Einleitung)
Silberperlen

**Für den Teig** die Eier trennen. Eigelb in eine Schüssel geben und mit 2 Esslöffeln warmem Wasser schaumig schlagen. Nach und nach den Zucker und den Vanillezucker darunter schlagen. Weiter schlagen, bis die Masse cremig ist.
Eiweiß zu steifem Schnee schlagen und mit den Mandeln unter die Eimasse heben. Mehl, Stärkemehl, Kakao und Backpulver vermischen und auf die Eimasse sieben. Vorsichtig unterziehen. Eine Springform mit Backpapier aus-legen, den Teig einfüllen und glatt streichen. Im vorgeheizten Backofen bei 200 °C (Gas: Stufe 3, Umluft 180 °C) etwa 30 Minuten backen.
Etwas auskühlen lassen, aus der Form nehmen, das Backpapier entfernen, den Boden auf ein Kuchengitter setzen. Sobald er ausgekühlt ist, zweimal waagerecht durchschneiden.

**Für die Creme** die Butter auf Zimmertemperatur bringen. Das Puddingpulver mit dem Zucker in etwas kalter Milch verquirlen. Die restliche Milch zum Kochen bringen, das angerührte Puddingpulver hineingeben, kurz aufkochen, anschließend auskühlen lassen. Ab und zu umrühren, damit sich keine Haut bildet. Die zimmerwarme Butter in einer Schüssel schaumig schlagen, den Pudding esslöffelweise einrühren. 2 Tortenböden zuerst mit Himbeerkonfitüre und danach mit der Creme bestreichen und aufeinander setzen. Den 3. Tortenboden obenauf legen.

**Für den Guss** den Puderzucker sieben und mit Eiweiß und Zitronensaft glatt rühren. Die Torte damit überziehen. Kalt stellen. Sobald die Glasur fest geworden ist, für die Dekoration den Puderzucker sieben, Kakao, 1 Esslöffel Wasser und die zerlassene Butter einrühren. Die Masse in eine kleine Pergamenttüte füllen und auf den Tortenrand 24 Häufchen als Unterlage für die Pralinen setzen.
Die Torte beliebig mit Pralinen und Silberperlen sowie Schrift aus Kuvertüre auf Marzipan verzieren.

Herzlichen Glückwunsch

# Baisertorte

**Für die Baiserböden:**
6 Eiweiß
300 g Zucker
2 EL Zitronensaft
30 g Stärkemehl
400 g weiße Kuvertüre

**Zum Bestreichen:**
400 g dunkle Kuvertüre
1 EL Öl

**Für die Füllung:**
3 Blatt weiße Gelatine
5 Eigelb
175 g Puderzucker
½ Liter Schlagsahne

**Für die Dekoration:**
50 g gemahlene Pistazien zum Bestreuen
250–300 g Kuvertüre
1 EL Öl
Pralinen oder Marzipanrosen (s. Einleitung)

**Für die Baiserböden** drei Backbleche mit Backpapier belegen. Einen Springformring von 26 Zentimeter Durchmesser auflegen und die Kreise auf dem Backpapier markieren.
Das Eiweiß zu steifem Schnee schlagen, dabei nach und nach Zucker, Zitronensaft und Stärkemehl zugeben. Die Baisermasse in einen Spritzbeutel mit Lochtülle füllen und spiralförmig von innen nach außen auf die markierten Kreise spritzen. Im vorgeheizten Backofen bei 120 °C etwa 45 Minuten backen.
Im Ofen auskühlen lassen. Die Böden vom Papier lösen.
Die dunkle Kuvertüre zerkleinern und im heißen Wasserbad schmelzen. Die Böden auf beiden Seiten mit der Kuvertüre bestreichen.

**Für die Füllung** die Gelatine in etwas kaltem Wasser einweichen. Eigelb und Zucker im heißen Wasserbad cremig rühren. Gelatine ausdrücken, zur Eimasse geben und glatt rühren. Auskühlen lassen.
Die Sahne steif schlagen und vorsichtig unter die Eimasse heben. Die Hälfte der Sahne-Ei-Masse auf zwei Baiserböden geben, die Böden aufeinander setzen. Den dritten Boden obenauf legen. Die Torte ringsum mit einem Teil der restlichen Sahne bestreichen. Den anderen Teil in einen Spritzbeutel mit Lochtülle füllen und die Torte damit bespritzen. Pistazien darüber streuen. Die Torte kalt stellen.

**Für die Dekoration** die Kuvertüre zerkleinern, im heißen Wasserbad schmelzen, das Öl einrühren. Auf eine kratzfeste Fläche (Marmorplatte) streichen. Sobald die Masse fest ist, mit einem Spatel zu Fächern zusammenschieben. Die Fächer auf der Tortenmitte anordnen. Den Tortenrand mit Pralinen oder Marzipanrosen dekorieren.

# Schokorolle

**Für den Teig:**
6 Eier
200 g Zucker
1 Päckchen Vanillezucker
1 Prise Salz
100 g Mehl
50 g Stärkemehl
1 TL Backpulver
2 EL Kakaopulver

**Für die Creme:**
1 Päckchen Schokoladen-Puddingpulver
2 TL Stärkemehl
2 EL Kakao
1 TL Pulverkaffee (Instant)
100 g Zucker
½ Liter Milch
250 g Butter

**Außerdem:**
125 g Halbbitterkuvertüre zum Verzieren
⅛ Liter Schlagsahne
1 Päckchen Vanillinzucker

***Tipp:***
*Diese Schokorolle können Sie auch mit hellem Biskuitteig backen, dann die 2 Esslöffel Kakaopulver im Teig weglassen.*

**Für den Teig** die Eier trennen. Das Eigelb in eine Schüssel geben, 2 Esslöffel warmes Wasser zufügen und alles mit dem Schneebesen schaumig schlagen. Nach und nach zwei Drittel des Zuckers und den Vanillezucker zugeben. Alles so lange schlagen, bis die Masse cremig ist.
Das Eiweiß mit dem Salz steif schlagen, den restlichen Zucker unterschlagen und unter die Eimasse ziehen. Mehl, Stärkemehl, Backpulver und Kakao vermischen, auf die Eiweißmasse sieben und vorsichtig unterziehen. Nicht rühren. Ein Backblech mit Backpapier auslegen, den Teig dünn und gleichmäßig darauf streichen. Im vorgeheizten Backofen bei 200 °C (Gas: Stufe 3, Umluft 180 °C) 10 Minuten backen.
Die gebackene Teigplatte auf ein gezuckertes Geschirrtuch stürzen. Das Backpapier mit kaltem Wasser bestreichen und abziehen. Die Kuchenplatte mit Hilfe des Geschirrtuchs sofort aufrollen.
Wenn die Rolle ausgekühlt ist, vorsichtig wieder aufwickeln.

**Für die Creme** Schokoladen-Puddingpulver, Stärkemehl, Kakao, Pulverkaffee und Zucker in etwas kalter Milch anrühren. Die restliche Milch in einem Topf zum Kochen bringen, das angerührte Puddingpulver einrühren und kurz aufkochen, danach auf Zimmertemperatur abkühlen lassen. Ab und zu umrühren, damit sich keine Haut bildet.
In einer Schüssel die Butter schaumig schlagen und den Pudding esslöffelweise einrühren. Zwei Drittel der Creme auf die Teigplatte streichen und diese erneut zusammenrollen. Mit der restlichen Creme die Schokorolle bestreichen und mit einem gezackten Teigschaber wellenförmige Muster in die Creme ziehen.
Die Kuvertüre zerkleinern, im warmen Wasserbad schmelzen und mit einer Palette dünn auf eine kratzfeste Unterlage (z. B. Marmorplatte, Edelstahlarbeitsfläche) streichen. Kurz bevor die Kuvertüre hart wird, mit einem Spachtel als Röllchen abschaben. Schlagsahne mit dem Vanillinzucker steif schlagen, Muster auf die Schokorolle spritzen und mit Schokoladenröllchen dekorieren.

# Feigen-Torte

**Für eine Springform von 26 cm Durchmesser**
16 getrocknete Feigen
150 g Rosinen
4 EL Rum
10 Eier
200 g Zucker
150 g Mehl
50 g Stärkemehl
½ TL Zimt
4 EL Rum
250 g geschälte, halbierte Haselnusskerne
100 g grob zerkleinerte Walnüsse

**Für die Glasur:**
200 g Puderzucker
3 EL Kakaopulver
30 g Butter

**Für die Dekoration:**
300–400 g Halbbitterkuvertüre
2 EL Öl
2 EL Kakaopulver
Walnusshälften
kandierte Früchte
(s. Einleitung)

***Tipp:***
*Falls der Teig zu fest wird, nehmen Sie 1 oder 2 Eier und entsprechend ½ bis 1 EL Wasser mehr.*

Die Feigen in kleine Würfel schneiden. Die Rosinen waschen, trockentupfen, in eine Schüssel geben und mit Rum beträufeln.
Die Eier trennen. Eigelb in eine Schüssel geben und mit 4 Esslöffeln warmem Wasser schaumig schlagen. Nach und nach den Zucker unterschlagen.
Das Eiweiß steif schlagen und unterheben.
Mehl, Stärkemehl und Zimt vermischen und esslöffelweise unter den Teig ziehen. Haselnüsse, Walnüsse, Rosinen und Feigen unterheben. Eine Springform mit Backpapier auslegen, den Teig einfüllen, glatt streichen und im vorgeheizten Backofen bei 180 °C (Gas: Stufe 2, Umluft 160 °C) etwa 45 Minuten backen.
Herausnehmen, etwas auskühlen lassen. Aus der Form nehmen, das Backpapier entfernen, auf ein Kuchengitter setzen.
**Für die Glasur** den Puderzucker mit dem Kakao vermischen, in eine Schüssel sieben und mit 2 Esslöffeln heißem Wasser glatt rühren. Die Butter zerlassen, auskühlen lassen und unterrühren. Die Torte mit dem Guss überziehen.
**Für die Dekoration** die Kuvertüre zerkleinern, im heißen Wasserbad schmelzen, das Öl und den Kakao einrühren. Die Masse dünn auf eine kratzfeste Fläche (z. B. Marmorplatte, Edelstahlarbeitsfläche) streichen. Sobald sie fest geworden ist, mit einem Spatel zu Fächern zusammenschieben. Die Fächer auf der Torte auftürmen. Walnusshälften und kandierte Früchte dazwischen anordnen.

*Feigen schmecken frisch sehr köstlich, halten sich aber nicht allzu lang. Denn sie sind druckempfindlich und mögen keine hohen Temperaturen. Für das Spätjahr und die Weihnachtsbäckerei brauchen wir daher getrocknete Früchte, in denen alle wohlschmeckenden Inhaltsstoffe – etwa 20 % Zucker, dazu Eiweiß, Mineralstoffe wie Eisen, Phosphor und Calcium – sich verstärkt halten.*
*Von Mitte Juni an gibt es frische Feigen zu kaufen, vorwiegend aus dem Mittelmeerraum, im Herbst folgen dann die aus Frankreich und Italien. Sie ergänzen vieles wunderbar: Eis, Schlagsahne, aber auch Schinken, Geflügel und Schafskäse. Und ein unvergesslicher Genuss steht an, wenn Feigen eisgekühlt mit Rum beträufelt und mit Crème fraîche ergänzt werden.*

# Mohntorte Sandtorte

**MOHNTORTE**
250 g Mehl, 1 gestrichener TL Backpulver
250 g Zucker, 4 Eigelb
100 g Butter
750 g säuerliche Äpfel
Saft von 1 Zitrone
1 Prise Zimt,
100 g Rosinen
1 TL Stärkemehl
3/8 Liter Milch
400 g gemahlener Mohn
1 Päckchen Vanillezucker
100 g gehackte Mandeln
Butter für die Backform

**Glasur:** 200 g Puderzucker, 3 EL Zitronensaft

150 g geröstete gehobelte Mandeln

**SANDTORTE**
250 g weiche Butter
200 g Zucker, 1 Prise Salz
½ TL abgeriebene unbehandelte Zitronenschale
1 EL Rum, 4 Eier
150 g Mehl, 100 g Stärkemehl
½ TL Backpulver
Butter für die Kastenform

**Glasur:** 200 g Puderzucker, 3 EL Kakao
30 g weiche Butter

Pralinen, kandierte Früchte oder verzuckerte Blüten (s. Einleitung)

**MOHNTORTE**
Mehl und Backpulver vermischen und in eine Schüssel sieben. In die Mitte eine Mulde drücken. 80 g Zucker und 2 Eigelb hineingeben und mit etwas Mehl zu einem dicken Brei verarbeiten. Die kalte Butter in Stücken darauf geben, mit Mehl bedecken, von der Mitte her alle Zutaten verkneten. 1 Stunde kühl stellen. Inzwischen die Äpfel schälen, in Viertel, dann Scheiben schneiden, dabei Kernhaus entfernen. Die Apfelscheiben mit 50 g Zucker, Zitronensaft, Zimt und 4 EL Wasser zum Kochen bringen und 3 Minuten dünsten, Rosinen zufügen, noch 2 Minuten köcheln lassen. Mit Stärkemehl binden. Auskühlen lassen.
Die Milch zum Kochen bringen, den Mohn damit überbrühen. Restlichen Zucker, Vanillezucker, restliches Eigelb und Mandeln unterrühren. Eine Springform ausbuttern, mit dem Teig auslegen, einen Rand hochziehen. Den Teig mehrmals mit einer Gabel einstechen. Die Hälfte des Mohns darauf geben, die Apfelmasse aufstreichen, dann restlichen Mohn darüber verteilen. Im vorgeheizten Backofen bei 180 °C (Gas: Stufe 2, Umluft 160 °C) 60 Minuten backen.

**Für die Glasur** den Puderzucker sieben, mit Zitronensaft zu einem dickflüssigen Brei verrühren. Die Hälfte in einen Spritzbeutel mit kleiner Tülle füllen und die Torte beschriften (mit Namen oder Glückwunsch). Mit der restlichen Masse den Rand bestreichen. Mit Mandeln garnieren.

**SANDTORTE**
Die Butter mit dem Zucker rund 10 Minuten schaumig schlagen. Salz, Zitronenschale und Rum einrühren und nach und nach jeweils 1 Ei unter gründlichem Rühren zugeben. Mehl, Stärkemehl und Backpulver vermischen, sieben und esslöffelweise unterheben. Eine Kastenform ausbuttern, den Teig einfüllen, glatt streichen. Im vorgeheizten Backofen bei 180 °C (Gas: Stufe 2, Umluft 160 °C) 1 Stunde backen.
Auskühlen lassen und aus der Form nehmen.
**Für die Glasur** Puderzucker und Kakao in eine vorgewärmte Schüssel sieben, mit 1 EL heißem Wasser und Butter zu einer dickflüssigen Masse rühren. Mit einem breiten Messer die Torte damit bestreichen. Beliebig garnieren.

für
Laura

# Schokotorte mit Rosengelee

**Für den Teig:**
6 Eier
150 g Zucker
125 g Bitterschokolade
125 g Butter
70 g Mehl
50 g Biskuitbrösel
50 g gemahlene Mandeln

**Für die Glasur:**
150 g Rosengelee
250 g weiße Kuvertüre

**Für die Dekoration:**
⅛ Liter Schlagsahne
350 g Vollmilchkuvertüre
50 g Kokosfett
4 EL Rosenlikör
4 Marzipanrosen
(s. Einleitung)

**Für den Teig** die Eier trennen, Eiweiß beiseite stellen. Eigelb in einer Schüssel mit 1 Esslöffel warmem Wasser schaumig schlagen. Nach und nach 100 Gramm Zucker zugeben. So lange schlagen, bis die Masse cremig ist.
Die Schokolade zerkleinern und im Wasserbad schmelzen. Esslöffelweise in die Eier-Masse einrühren. Eiweiß steif schlagen, dabei den restlichen Zucker zugeben und unterheben.
Die Butter zerlassen und abkühlen lassen. Das Mehl sieben, mit Biskuitbröseln und Mandeln vermischen, vorsichtig mit der ausgekühlten Butter unterheben. Eine Rehrückenform mit Backpapier auslegen, den Teig einfüllen, glatt streichen, im vorgeheizten Backofen bei 200 °C (Gas: Stufe 3, Umluft 180 °C) etwa 50 Minuten backen.
Herausnehmen, etwas auskühlen lassen. Die Torte aus der Form nehmen und auf einem Kuchengitter leicht auskühlen lassen, mit Rosengelee (siehe rechte Spalte) überziehen.
**Für die weiße Glasur** die Kuvertüre im Wasserbad schmelzen und über die Torte ziehen.
**Für die Dekoration** die Sahne in einen Topf geben. Zerkleinerte Vollmilchkuvertüre zugeben und im Wasserbad unter Rühren zum Schmelzen bringen. Kokosfett zugeben und gut verrühren. Kalt stellen.
Sobald die Masse am Rand fest wird, mit den Quirlen des Handrührgerätes aufschlagen, den Rosenlikör zugeben, weiter schlagen, bis Spitzen stehen bleiben. Die Masse in einen Spritzbeutel mit Sterntülle füllen und die Schokoladentorte damit dekorieren. Zuletzt die Marzipanrosen aufsetzen.

**Für das Rosengelee** braucht man 150 Gramm frisch gepflückte Rosenblütenblätter, ¾ Liter konzentrierten Apfelsaft, 750 Gramm Zucker. Von den Blütenblättern den bitteren Stielansatz wegschneiden, Blätter mit kochendem Wasser übergießen, mit kaltem Wasser abschrecken und abtropfen lassen. Apfelsaft und Zucker in einem Topf unter Rühren zum Kochen bringen, die Rosenblütenblütter dazugeben und mitkochen, bis sie sich gesetzt haben. Hin und wieder den Schaum abschöpfen. Nach der Gelierprobe in vorbereitete Gläser füllen.

# Pistazien-Ingwer-Torte
# Mandeltorte

**PISTAZIEN-INGWER-TORTE**

50 g frischer Ingwer
125 g Marzipan-Rohmasse
50 g kandierte Ananas
20 g Orangeat
250 g Butter, 4 Eier
1 Prise Salz
½ TL abgeriebene unbehandelte Zitronenschale
1 Messerspitze Zimt
100 g Bienenhonig
250 g Mehl, 100 g Stärkemehl
1 Päckchen Backpulver
4 EL Orangensaft
2 EL Orangenlikör

**Für die Glasur:**

300 g weiße Kuvertüre
100 g Zartbitterkuvertüre
kandierter Ingwer, gehackte Pistazienkerne

**MANDELTORTE**

350 g weiche Butter
350 g Zucker, 6 Eier
1 EL abgeriebene unbehandelte Orangenschale
300 g Mehl, 50 g Stärkemehl
1 Päckchen Backpulver
150 g geriebene Mandeln
Saft von 2 Orangen

**Für den Überzug:**

150 g Orangenmarmelade
2 EL Puderzucker
400 g Marzipan-Rohmasse
300 g weiße Kuvertüre
20 g Kokosfett

**PISTAZIEN-INGWER-TORTE**

Den Ingwer schälen und klein würfeln. Marzipan, Ananas und Orangeat klein würfeln. Butter schaumig schlagen. Nach und nach Eier, Salz, Zitronenschale, Zimt, Honig, Ingwer, Marzipan, Ananas und Orangeat einrühren. Mehl, Stärkemehl und Backpulver vermischen, darüber sieben und unterheben. Eine Springform (26 cm Ø) ausbuttern, den Teig einfüllen, glatt streichen. Im vorgeheizten Ofen bei 180 °C (Gas: Stufe 2, Umluft 160 °C) etwa 60 Minuten backen.
Herausnehmen, mit Orangensaft und Orangenlikör beträufeln. Auskühlen lassen.

**Für die Glasur** die weiße Kuvertüre im Wasserbad schmelzen und die Torte damit überziehen. 30 Minuten kalt stellen. Zartbitterkuvertüre ebenso schmelzen, in Spritztüten aus Pergamentpapier füllen, die Torte mit welligen Linien dekorieren. Zur Dekoration eignen sich kandierter Ingwer, kandierte Ananas und gehackte Pistazien.

**MANDEL-TORTE**

Butter und Zucker schaumig schlagen. Nach und nach Eier und Orangenschale zugeben. Mehl, Stärkemehl und Backpulver vermischen, darüber sieben und unterrühren, dazuhin Mandeln und Orangensaft. Eine Springform (26 cm Ø) mit Backpapier auslegen. Teig einfüllen, glatt streichen, im vorgeheizten Ofen bei 180 °C (Gas: Stufe 2, Umluft 160 °C) etwa 35 Minuten backen. – Herausnehmen, abkühlen lassen, Torte aus der Form nehmen, Backpapier entfernen.

**Für den Überzug** Marmelade erhitzen, die Torte damit ringsum bestreichen. Die Arbeitsfläche mit Puderzucker besieben, ¾ des Marzipans darauf dünn ausrollen. Einen Kreis von 28 cm Ø schneiden, oben auf die Torte legen. Etwas andrücken.

**Für den Tortenrand** den Rest Marzipan verkneten, ausrollen, in Streifen schneiden, um die Torte legen und festdrücken. Überstehende Ränder nach innen rollen und ebenfalls festdrücken. Die Kuvertüre zerkleinern, Kokosfett zugeben und alles im warmem Wasserbad schmelzen. Mit ⅔ der Kuvertüre die Torte ringsum bestreichen. Den Rest in einen Pergament-Spritzbeutel füllen und Muster aufspritzen. Die Torte mit gerösteten, unzerteilten Mandeln dekorieren, in die Mitte Marzipanrosen (s. Einleitung) setzen.

BOLS
TRIPLE SEC

# Quarktorte mit Baiserdecke

**Für den Teig:**
200 g Mehl
1 TL Backpulver
80 g Zucker
2 Eigelb
1 Prise Salz
1 EL Milch
100 g kalte Butter
Butter für die Springform

**Für den Belag:**
600 g Quark (20 oder 40 %, oder selbst angerührt)
80 g weiche Butter
125 g Zucker
3 Eigelb
1 Päckchen Puddingpulver Vanillegeschmack
¼ Liter Milch
¼ Liter Schlagsahne

**Für die Knusperdecke:**
3 Eiweiß
80 g Zucker

**Für den Teig** Mehl und Backpulver vermischen und in eine Schüssel sieben. In die Mitte eine Vertiefung drücken. Zucker, Eigelb, Salz und Milch in die Vertiefung geben und mit einem Teil des Mehls vermischen. Die Butter in Stücken darauf geben, dann die Zutaten gut verkneten. 30 Minuten kalt stellen.
Eine Springform ausbuttern, den Teig hineingeben, einen Rand hochziehen. Den Teig mehrmals mit einer Gabel einstechen.

**Für den Belag** Quark, Butter, Zucker und Eigelb verrühren. Das Puddingpulver in etwas Milch glatt rühren und unter die Quarkmasse rühren. Die restliche Milch und die Sahne ebenfalls einrühren. Die Masse auf den Teig geben. Im vorgeheizten Backofen bei 180 °C (Gas Stufe 2, Umluft 160 °C) 50 Minuten backen.

**Für die Decke** Eiweiß und Zucker zu steifem Schnee schlagen, auf dem Kuchen verteilen und noch 10 Minuten backen.

*Quark hat viele Namen: in Österreich Topfen oder Schotten, im deutschen Südwesten Zieger oder Bibbeleskäs, in der Mitte und im Norden Deutschlands weißer Käse, Weißkäse, auch Glumse oder Matte.*
*Quark ist nichts weiter als ein ganz frühes Stadium Käse – Frischkäse, dem man keine Zeit zum Reifen lässt. Zur Quarkherstellung wird pasteurisierte, entrahmte Milch durch Milchsäurebakterien oder Lab zum Gerinnen gebracht. Auf diese Art eingedickt, sieht die Masse erst einmal ähnlich aus wie die in einer Käserei, die später daraus große Emmentaler-Laibe formt und monatelang reifen lässt.*
*Für die halb- und vollfette Stufe (20 und 40 %) wird Quark mit Sahne angereichert und oft in einer Passiermaschine geschmeidig gemacht. Ein ähnliches Ergebnis erreichen Sie auch zu Hause, wenn Sie Magerquark – den man ja in der Regel immer im Kühlschrank hat – vor der Weiterverarbeitung erst einmal gründlich rühren. Dabei wird je nach gewünschtem Fettgehalt etwas Milch oder Sahne zugegeben. Und selbst wenn solch eine selbst zubereitete Masse nur etwa halb so viel Fett enthält wie eine mit 40%igem Quark, wird diese Torte gelingen – und schmecken.*

# Quarktorte mit Schokoladendecke

**Teig:** 180 g Mehl
½ TL Backpulver
65 g Zucker
1 Päckchen Vanillezucker
100 g kalte Butter

**Belag:** 1 Päckchen Puddingpulver Vanillegeschmack, 200 g Zucker
½ Liter Milch
80 g weiche Butter
1 TL abgeriebene unbehandelte Zitronenschale
1 Prise Salz
4 EL Schlagsahne
4 Eier, 2 EL Rum
100 g gehackte Mandeln
1 kg abgetropfter Quark (40 %)

**Schokoladendecke:**
150 g Kokosfett
125 g feiner Kristallzucker
3 EL Kakaopulver
2 Eier, 1 EL Rum

**Verzierung:** Schale von 4 unbehandelten Orangen
200 g Zucker, 1 TL Kakao
Schokoladenfrüchte (s. Einleitung)

***Tipp:***
*Bitte verwenden Sie nur ganz frische Eier, die gut gekühlt aufbewahrt wurden, für die Schokoladendecke. Wer Bedenken hat, nimmt dafür 200 g Puderzucker, 3 EL Kakao, 2–3 EL heißes Wasser, 1 EL zerlassenes Kokosfett*

**Für den Teig** Mehl und Backpulver vermischen, in eine Schüssel sieben, in die Mitte eine Vertiefung drücken. Zucker und Vanillezucker in die Vertiefung geben, die Butter in Stückchen auflegen, alles gut verkneten. Eine Kugel formen, den Teig 30 Minuten kalt stellen.
Den Teig in eine Springform geben, leicht andrücken, mit einer Gabel mehrmals einstechen.

**Für den Belag** das Puddingpulver mit 2 Esslöffeln Zucker in etwas kalter Milch verrühren. Die restliche Milch zum Kochen bringen, das Puddingpulver einrühren, aufkochen lassen, vom Herd nehmen und auskühlen lassen. Ab und zu umrühren, damit sich keine Haut bildet.
In einer Schüssel die Butter schaumig schlagen, den restlichen Zucker, Zitronenschale, Salz, Schlagsahne und nach und nach die Eier einrühren. Den Rum, die Mandeln und nach und nach den Quark und den ausgekühlten Pudding unterrühren. Die Masse auf dem Teig verteilen und glatt streichen. Im vorgeheizten Backofen bei 200 °C (Gas Stufe 3, Umluft 180 °C) etwa 1 Stunde backen. Herausnehmen und auskühlen lassen.

**Für die Schokoladendecke** das Kokosfett bei milder Hitze zum Schmelzen bringen. Zucker, Kakao, Eier und Rum verrühren, unter Rühren das Fett tropfenweise zugeben. Die ausgekühlte Torte mit der Schokoladenmasse überziehen. Kalt stellen.

**Für die Verzierung** die Orangenschalen in einen Topf geben, so viel Wasser zugeben, dass sie bedeckt sind. Zum Kochen bringen, 5 Minuten sprudelnd kochen lassen, danach herausnehmen, trockentupfen und in dünne Streifen schneiden.
150 Gramm Zucker und ⅛ Liter Wasser in einem Topf aufkochen lassen, die Orangenstreifen hineingeben und 20 Minuten köcheln lassen. Herausnehmen, abtropfen lassen. Den restlichen Zucker mit dem Kakao vermischen, die Orangenstreifen darin wälzen und auf der Torte anordnen.
Nach Belieben noch zusätzlich mit Schokoladenfrüchten verzieren.

# Quarktorte mit Pistazien und Kokosnuss

**Für den Teig:**
175 g Kokosraspel
200 g Butter
400 g Zucker
4 Eier
250 g saure Sahne
225 g Mehl
30 g Stärkemehl
½ Päckchen Backpulver
⅛ Liter Kokosmilch

125 g Preiselbeergelee

**Für den Belag:**
250 g Quark (40 %)
175 g Doppelrahm-Frischkäse
100 g weiche Butter
200 g Zucker
⅛ Liter Schlagsahne
200 g frische Kokosnuss

**Außerdem:**
200 ml Schlagsahne
1 TL Zucker
1 Sahnefestiger
2 EL Pistazien

**Für den Teig** die Kokosraspeln in einer Pfanne ohne Fett rösten. In einer Schüssel Butter und Zucker schaumig schlagen. Nach und nach die Eier einrühren und die saure Sahne unterrühren. Mehl, Stärkemehl und Backpulver vermischen, aufsieben und unterheben. Die Kokosmilch und die ausgekühlten Kokosraspeln unterrühren. Eine Backform mit Backpapier auslegen, den Teig einfüllen und im vorgeheizten Backofen bei 180 °C (Gas Stufe 2, Umluft 160 °C) etwa 40 Minuten backen.
Herausnehmen, noch 10 Minuten in der Form lassen, dann auf ein Kuchengitter stürzen. Das Backpapier abziehen. Den Kuchen auskühlen lassen, danach waagerecht durchschneiden, sodass 2 Böden entstehen.
Den unteren Boden mit Preiselbeergelee bestreichen.

**Für den Belag** Quark, Doppelrahm-Frischkäse, Butter und Zucker verrühren. Die Schlagsahne steif schlagen und unterheben.

Das Kokosnuss-Stück mit einem Sparschäler in dünne Streifen schneiden und in einer Pfanne ohne Fett goldgelb rösten. Auskühlen lassen. Die untere Kuchenhälfte mit der Hälfte der Quarkcreme bestreichen, mit der Hälfte der Kokosnuss-Streifen belegen und der restlichen Creme bedecken. Die andere Teighälfte aufsetzen. Die Mitte der oberen Teigplatte mit Pistazien bestreuen.
Die Sahne mit dem Zucker und dem Sahnefestiger steif schlagen, in einen Spritzbeutel mit Lochtülle füllen, die Torte ringsum bespritzen. Die restlichen Kokosnuss-Streifen auf die Torte streuen.

# Fruchttüten Schokoküsse

**FRUCHTTÜTEN**

**Für den Teig:**
4 Eier, 200 g Zucker
1 Päckchen Vanillezucker,
1 Prise Salz, 100 g Mehl
125 g Stärkemehl
1 TL Backpulver

**Für die Füllung:**
¼ Liter Schlagsahne
150 g abgetropfter Quark (40 %), 1 EL fein geschnittene Minze, 2 EL Zucker
500 g Beerenobst (Himbeeren, Erdbeeren, Heidelbeeren, Johannisbeeren)

**Außerdem:**
Minzeblättchen
feinstreifig geschnittene Orangenschale

**SCHOKOKÜSSE**

**Für den Teig:**
4 Eier, 125 g Zucker
1 Päckchen Vanillezucker
1 Prise Salz, 100 g Mehl
30 g Stärkemehl
½ TL Backpulver
Butter für die Förmchen

**Für die Glasur:**
500 g Zartbitterkuvertüre

**Für die Füllung:**
150 g Himbeerkonfitüre
½ Liter Schlagsahne
1 Päckchen Vanillezucker
2 TL Zucker

**FRUCHTTÜTEN**

**Für den Teig** die Eier trennen. Eigelb und 2 EL lauwarmes Wasser schaumig schlagen. Nach und nach Zucker und Vanillezucker zufügen und rühren, bis die Masse cremig ist. Eiweiß mit Salz steif schlagen und unter die Eigelbmasse heben.
Mehl, Stärkemehl und Backpulver mischen, auf die Eimasse sieben und unterziehen. Aus Backpapier tellergroße Kreise schneiden und halbieren. 3 Kelchgläser bereitstellen. Je 3 Papierhalbkreise auf ein Backblech legen, dünn mit dem Teig bestreichen. Im vorgeheizten Backofen bei 180 °C (Gas Stufe 2, Umluft 160 °C) 4 bis 5 Minuten backen. Die Teighalbkreise sofort vom Papier lösen, in ein Glas gleiten lassen, sodass sich Tütchen formen. Etwas auskühlen lassen, herausziehen, auf ein Kuchengitter legen.
**Für die Füllung** die Sahne steif schlagen. Quark mit Minze und Zucker verrühren, die Sahne unterheben. Das Beerenobst waschen, putzen und gut trocknen, da sonst der Teig durchweichen kann.
Erst unmittelbar vor dem Servieren die Tütchen mit der Creme füllen und mit Beerenobst, Minze und Orangenschale verzieren.

**SCHOKOKÜSSE**

**Für den Teig** die Eier trennen. Eigelb mit 2 EL warmem Wasser schaumig schlagen. Zucker und Vanillezucker unterrühren.
Eiweiß mit Salz steif schlagen und unter die Eigelbmasse ziehen.
Mehl, Stärkemehl und Backpulver vermischen, auf die Eiermasse sieben und unterziehen. Nicht rühren. Den Teig in einen Spritzbeutel mit großer Lochtülle einfüllen. Ein Backblech mit Backpapier auslegen und den Teig kuppelförmig aufspritzen. Im vorgeheizten Backofen bei 200 °C (Gas Stufe 3, Umluft 180 °C) etwa 15 Minuten backen.
Herausnehmen, auskühlen lassen, die Kuchen waagerecht halbieren.
Die Kuvertüre zerkleinern und im Wasserbad schmelzen. Die Gebäckhälften damit überziehen. Auf einem Kuchengitter trocknen lassen.
Die Konfitüre durch ein Sieb streichen. Die Schnittflächen der Schokoküsse mit Konfitüre bestreichen. Schlagsahne mit Vanillezucker und Zucker steif schlagen, in einen Spritzbeutel mit Sterntülle füllen und die Hälften damit bespritzen. Dann die Hälften zu einem Schokokuss – auch Mohrenkopf genannt – zusammensetzen.

# Himbeerröllchen Rosenblätter-Baisers

## HIMBEERRÖLLCHEN

**Für den Teig:**
125 g Butter, 50 g Zucker
50 g Blütenhonig,
100 g Mehl
½ TL gemahlener
Ingwer, 3 EL Weinbrand

**Für die Füllung:**
300 g Himbeeren
½ Liter Schlagsahne
1 Päckchen Sahnesteif
1 EL Zucker

**Außerdem:**
Puderzucker zum
Bestäuben
Butter für den Kochlöffel

## ROSENBLÄTTER-BAISERS

**Für die Baisers:**
6 Eiweiß, 200 g Zucker
1 TL Zitronensaft
150 g gemahlene Mandeln
60 g Stärkemehl
1 Päckchen Vanillezucker

**Für die Füllung:**
500 g Erdbeeren
70 g Puderzucker
600 ml Schlagsahne
1 Päckchen Sahnesteif
1 EL Zucker

**Außerdem:**
250 g Erdbeeren
kandierte Rosenblütenblätter von 3–4 frisch gepflückten, gereinigten Rosen (s. Einleitung)

## HIMBEERRÖLLCHEN

Die Butter in einem Topf schmelzen, Zucker und Honig zugeben. Auf kleiner Flamme rühren, bis sich der Zucker aufgelöst hat.
Den Topf vom Herd nehmen, die Masse auskühlen lassen.
Das Mehl portionsweise einsieben und glatt rühren. Ingwer und Weinbrand zugeben.
Ein Backblech mit Backpapier auslegen. Mit einem Teelöffel im Abstand von 10 cm Teighäufchen auf das Blech geben. Im vorgeheizten Backofen bei 200 °C (Gas Stufe 3, Umluft 180 °C) 8 bis 10 Minuten backen. Die Teigkreise sofort – noch heiß – um den Griff eines mit Butter eingefetteten Kochlöffels wickeln. Die Röllchen abstreifen und auf ein Kuchengitter legen.
Kurz vor dem Servieren die Himbeeren waschen, putzen und zerkleinern. Die Sahne mit Sahnesteif und Zucker steif schlagen. Die Himbeeren untermischen. Die Masse in einen Spritzbeutel mit großer Sterntülle geben, die Röllchen damit füllen. Mit Puderzucker bestäuben. Sofort servieren, sonst wird der Teig pappig.

## BAISERS MIT ROSENBLÄTTER

**Für die Baisers** das Eiweiß schaumig schlagen, etwas Zucker zugeben, mit dem Rest Zucker und Zitronensaft steif schlagen. Mandeln, Stärkemehl und Vanillezucker vermischen und unter den Eischnee heben. Die Masse in einen Spritzbeutel mit Sterntülle füllen. Ein Backblech mit Backpapier auslegen. Von der Baisermasse Nester von 8 cm Durchmesser auf das Backblech spritzen. Im vorgeheizten Backofen bei 120 °C 60 Minuten backen. Im Ofen auskühlen lassen, vom Papier lösen.
**Für die Füllung** Erdbeeren waschen, putzen und pürieren, den Puderzucker zufügen. Sahne mit Sahnesteif und Zucker steif schlagen, das Erdbeerpüree unterziehen. Die Hälfte der Baisers mit der Sahne bestreichen. Den Rest Erdbeeren waschen, putzen, halbieren. Auf die Sahne-Baisers jeweils 2 bis 3 kandierte Rosenblütenblätter und einige Erdbeerhälften geben. Die restlichen Baisers aufsetzen.

# Pfirsich-, Apfel- und Birnentörtchen

**PFIRSICHTÖRTCHEN**
400 g Tiefkühl-Blätterteig
Mehl zum Ausrollen
**Füllung:** 10 Eiweiß,
200 g Zucker
350 g gemahlene Mandeln
50 g Mehl
10 EL Rosenwasser
2 TL Zitronensaft
**Belag:** 6 Pfirsiche
2 EL Zitronensaft oder Wein, 1 Hand voll Brombeeren, kandierte Gänseblümchen oder Robinien (s. Einleitung)

**APFELTÖRTCHEN**
500 g Tiefkühl-Blätterteig
Mehl zum Bearbeiten
200 g Marzipan-Rohmasse
2 EL Zucker
1 TL unbehandelte abgeriebene Zitronenschale
1 Eigelb, 1 TL Mehl
2 EL Weinbrand
500 g Äpfel
4 EL Zitronensaft, 1 Eigelb

**BIRNENTÖRTCHEN**
450 g Tiefkühl-Blätterteig
100 g Marzipan-Rohmasse
100 g gehackte Walnusskerne, 1 EL Puderzucker
2 EL Obstgeist
Mehl zum Bearbeiten
Zitronensaft zum Marinieren, 1 kg Birnen
200 g Aprikosenmarmelade

**PFIRSICHTÖRTCHEN**
Den Blätterteig auftauen.
4 Eiweiß mit Zucker, Mandeln, Mehl und Rosenwasser verrühren. Restliches Eiweiß mit Zitronensaft steif schlagen und unter die Mandelmasse heben. Blätterteig auf bemehlter Fläche ausrollen. Tortenförmchen kalt ausspülen, mit Blätterteig auslegen. Die Mandelmasse einfüllen und im vorgeheizten Backofen bei 180 °C (Gas Stufe 2, Umluft 160 °C) etwa 15 Minuten backen.
Auskühlen lassen. Pfirsiche überbrühen, Haut abziehen, Früchte halbieren, entsteinen, in Zitronen-Zucker-Wasser oder etwas Wein kurz kochen. Früchte herausnehmen, mehrmals einschneiden. Kurz vor dem Anrichten die Pfirsichhälften und Brombeeren auf den Törtchen anordnen. Mit kandierten Gänseblümchen oder Robinien garnieren.

**APFELTÖRTCHEN**
Den Blätterteig auftauen, auf bemehlter Fläche ausrollen. Runde und rechteckige Formen ausstechen und 1 cm breite Streifen schneiden. Ein Blech mit Backpapier auslegen, das Ausgestochene darauf geben, mit einer Gabel mehrmals einstechen.
**Für die Füllung** Marzipan mit Zucker verkneten, Zitronenschale, Eigelb, Mehl und Weinbrand einarbeiten. Die Masse auf den Blätterteigkreisen und -rechtecken verteilen. Äpfel schälen, in Spalten schneiden, Kernhaus entfernen. Spalten mit Zitronensaft marinieren, auf den Törtchen verteilen. Jeweils 2 Teigstreifen über Kreuz auflegen. Mit Eigelb bestreichen. Im vorgeheizten Ofen bei 200 °C (Gas: Stufe 3, Umluft 180 °C) etwa 25 Minuten backen.

**BIRNENTÖRTCHEN**
Den Blätterteig auftauen. Marzipan mit Walnüssen, Puderzucker und Obstgeist verkneten. Blätterteig auf Mehl ausrollen und in Rechtecke schneiden. Birnen schälen, längs halbieren, Kernhaus entfernen, die Hälften etwas aushöhlen, mit Zitronensaft marinieren, mit Marzipan füllen.
Die Birnen auf die Teigrechtecke setzen. Ein Backblech mit Backpapier auslegen, die Birnentörtchen darauf geben. Im vorgeheizten Ofen bei 200 °C (Gas: Stufe 3, Umluft 180 °C) etwa 30 Minuten backen.
Die Aprikosenmarmelade leicht erwärmen, die heißen Birnentörtchen damit überziehen.

# Petits Fours

**Teig:** 4 Eier, 125 g Zucker
1 Päckchen Vanillezucker
1 Prise Salz, 100 g Mehl
2 EL Stärkemehl

**Füllung:** 1 Päckchen Puddingpulver Vanillegeschmack, 2 EL Zucker
½ Liter Milch,
300 g Butter
175 g Zartbitterkuvertüre
150 g Rosengelee (Rezept S. 138)
2 EL Rosenlikör (s. u.)
100 g Aprikosenkonfitüre

**Guss:** 250 g Puderzucker,
1 Eiweiß
2–3 EL Rosenlikör (s. u.)
kandierte Blüten (Gänseblümchen, Stiefmütterchen, Veilchen, Röschen, Robinien)

**Gussvariante:**
150 g Puderzucker
1–2 TL Eiweiß
1–2 TL Kakaopulver
Fruchtsaft oder Lebensmittelfarbe

***Tipp:***
*Besonders hübsch macht sich eine Bemalung mit Zuckerguss – 150 g Puderzucker in eine Schüssel sieben, 1–2 TL Eiweiß und 2 TL Kakao oder Lebensmittelfarbe zugeben, alles glatt rühren – und mit Hilfe einer Pergamenttüte.*

**Für den Teig** die Eier trennen. Eigelb in eine Schüssel geben und mit 2 EL warmem Wasser schaumig schlagen. Nach und nach Zucker und Vanillezucker einschlagen. Weiter schlagen, bis die Masse cremig ist. Eiweiß mit Salz steif schlagen, Mehl und Stärkemehl darüber sieben und alles unter die Eimasse heben. Ein Backblech mit Backpapier auslegen, den Teig darauf geben und glatt streichen. Im vorgeheizten Ofen bei 200 °C (Gas: Stufe 3, Umluft 180 °C) etwa 15 Minuten backen. – Herausnehmen, den Biskuit sofort auf ein mit Zucker bestreutes Tuch stürzen. Das Backpapier etwas anfeuchten und abziehen. Biskuit auskühlen lassen und in Stücke von 4 x 8 oder 6 x 6 cm schneiden.

**Für die Füllung** das Puddingpulver mit Zucker in etwas kalter Milch verrühren. Restliche Milch zum Kochen bringen, den Puddingansatz einrühren, aufkochen, vom Herd nehmen, auskühlen lassen. Ab und zu umrühren, damit sich keine Haut bildet. Butter schaumig schlagen, den auf Zimmertemperatur abgekühlten Pudding esslöffelweise einrühren. Kalt stellen.

Die Kuvertüre zerkleinern und im Wasserbad schmelzen. Rosengelee mit Rosenlikör verrühren. ¼ der Stücke mit Rosengelee, ¼ mit Kuvertüre, ¼ mit Creme bestreichen. Die Stücke übereinander setzen. Die restlichen Stücke mit leicht erwärmter Aprikosenmarmelade bestreichen und mit der bestrichenen Seite nach oben aufsetzen.

**Für den Guss** den Puderzucker sieben, mit Eiweiß und Rosenlikör verrühren, die gefüllten Stücke damit überziehen. Die Petits Fours nach Belieben mit kandierten Blüten dekorieren.

**Rosenlikör:** Von 200 duftenden, frisch gepflückten Rosenblütenblättern Stielansätze entfernen, Blätter in einer Porzellanschüssel mit ¼ Liter kochendem Wasser übergießen, sodass sie knapp bedeckt sind. Zugedeckt 12 Stunden ziehen lassen. Rosenwasser in einen Topf seihen, 150 g Zucker zufügen, unter Rühren erhitzen, erkalten lassen. ½ Liter Korn und 4 cl Weinbrand angießen und verrühren. Likör in Flaschen füllen, gut verschlossen 4 Wochen kühl und trocken lagern.

# Éclairs mit Begonien Rosentörtchen

### ÉCLAIRS MIT BEGONIEN-BLÜTEN

**Für die Begonienblüten:**
3 Hand voll Begonienblüten, 2 Eiweiß
100 g feiner Zucker

**Für den Teig:**
220–250 ml Wasser
80 g Butter
1 Prise Salz, 1 TL Zucker
125 g Mehl, 1 EL Stärkemehl, 3 Eier

**Für die Füllung:**
1 Mango (500 g)
100 g Zucker, 200 g Quark
2 EL Arrak
¼ Liter Schlagsahne

**Für die Glasur:**
200 g Puderzucker
3 EL Mangosaft
1 TL Eiweiß

### ROSENTÖRTCHEN

frisch gepflückte Röschen
2 Eiweiß
125 g feiner Zucker

500 g Tiefkühl-Blätterteig
8 Eiweiß
150 g Zucker
200 g gemahlene Mandeln
30 g Mehl
8 EL Rosenwasser
1 TL Zitronensaft
etwas Mehl zum Ausrollen

Schlagsahne

### ÉCLAIRS MIT BEGONIEN-BLÜTEN

Die frisch gepflückten Blüten reinigen. In einem tiefen Teller Eiweiß etwas aufschlagen, Blüten hineintauchen, abtropfen lassen, ringsum mit Zucker bestreuen. Ein Backblech mit Pergamentpapier belegen, Blüten darauf geben und im vorgeheizten Backofen bei 50 °C trocknen lassen. Ofentür spaltbreit geöffnet lassen. **Für den Teig** in einem Topf das Wasser mit Butter, Salz und Zucker aufkochen. Vom Herd nehmen, sofort Mehl und Stärkemehl hineingeben und zu einem glatten Kloß rühren. Kloß in eine Schüssel geben und nach und nach die Eier einrühren. Ein Backblech mit Backpapier auslegen. Teig in einen Spritzbeutel mit großer Sterntülle füllen und 10 cm lange Streifen auf das Backpapier spritzen. Im vorgeheizten Ofen bei 200 °C (Gas: Stufe 3, Umluft 180 °C) etwa 25 Minuten goldgelb backen. – Herausnehmen, auskühlen lassen, Éclairs waagerecht halbieren. **Für die Füllung** Mango schälen, längs bis auf den Stein einschneiden, Fruchtfleisch in Spalten abtrennen, diese klein schneiden. Zucker, Quark und Arrak schaumig rühren. Sahne steif schlagen und mit den Mangostücken unter die Quarkmasse heben. Die Éclairs damit füllen, auf die Füllung kandierte Blüten legen. **Für die Glasur** Puderzucker sieben, mit Mangosaft und Eiweiß glatt rühren. Die Éclairs damit überziehen. Mit verzuckerten Blüten verzieren oder umlegen.

### ROSENTÖRTCHEN

Die frisch gepflückten Röschen reinigen. In einem tiefen Teller Eiweiß etwas aufschlagen, Röschen hineintauchen, gut abtropfen lassen, mit Zucker bestreuen. Ein Backblech mit Pergament belegen, Röschen darauf setzen, im vorgeheizten Ofen bei 50 °C trocknen lassen. Die Ofentür spaltbreit geöffnet lassen. **Für den Teig** Blätterteig auftauen. 3 Eiweiß mit Zucker, Mandeln, Mehl und Rosenwasser verrühren. Restliches Eiweiß mit Zitronensaft steif schlagen und unterheben. Den Blätterteig auf bemehlter Fläche ausrollen. Tortenförmchen kalt ausspülen, mit Blätterteig auslegen, Mandelmasse darauf geben, im vorgeheizten Ofen bei 180 °C (Gas: Stufe 2, Umluft 160 °C) etwa 15 Minuten backen. Schlagsahne steif schlagen. Die Törtchen mit Sahnetuffs und kandierten Röschen dekorieren.

# Aschkuchen, Stollen, herzhafte Kuchen

# Gugelhupf
# Quark-Napfkuchen

**GUGELHUPF**
**Für den Teig:**
500 g Mehl
40 g Hefe, 150 g Zucker
150 ml lauwarme Milch
175 g Quark (20 %)
125 g Butter, 3 Eier
150 g gehackte Walnüsse

**Außerdem:**
200 g Aprikosenkonfitüre
1 Eiweiß, 2 EL Zitronensaft
Walnusshälften zum Garnieren
Butter für die Gugelhupfform

**QUARK-NAPFKUCHEN**
100 g Rosinen, 4 EL Rum
150 g Butter, 200 g Zucker
1 Prise Salz
1 TL abgeriebene unbehandelte Zitronenschale
3 Eier, 250 g abgetropfter Quark
2 EL saure Sahne
400 g Mehl
1 Päckchen Backpulver
Mehl zum Bearbeiten
Butter für die Napfkuchenform
1 EL Semmelbrösel
Puderzucker zum Besieben

**GUGELHUPF**

**Für den Teig** das Mehl in eine Schüssel sieben, in die Mitte eine Vertiefung drücken. Die Hefe mit 1 Teelöffel Zucker in etwas lauwarmer Milch verquirlen und in die Vertiefung gießen. Etwas Mehl vom Mehlrand einrühren und einen breiartigen Vorteig bereiten. 20 Minuten gehen lassen.

Die restliche Milch mit dem Quark verrühren. Die Butter in Flöckchen, die Eier und den Quark auf dem Mehlrand verteilen und von der Mitte her einen glatten Teig bereiten. Zugedeckt 30 Minuten gehen lassen.

Die gehackten Walnüsse unterkneten. Den Teig in eine gebutterte Form füllen und weitere 15 Minuten gehen lassen.

Im vorgeheizten Backofen bei 200 °C (Gas: Stufe 3, Umluft 180 °C) etwa 35 Minuten backen.

Herausnehmen, 10 Minuten in der Form abkühlen lassen, dann auf ein Kuchengitter setzen. Die Konfitüre durch ein Sieb streichen, erhitzen, den Gugelhupf damit überziehen. Den Puderzucker mit Eiweiß und Zitronensaft glatt rühren, den Kuchen damit glasieren. Mit Walnusshälften dekorieren.

**QUARK-NAPFKUCHEN**

Die Rosinen mit dem Rum beträufeln. In einer Schüssel die Butter schaumig schlagen. Zucker, Salz und Zitronenschale einrühren. Nach und nach Eier, danach Quark und die saure Sahne unterrühren. Mehl und Backpulver vermischen, darüber sieben und unterheben. Die Rosinen in Mehl wälzen und zum Teig geben. Eine Napfkuchenform ausbuttern, mit Semmelbröseln ausstreuen, den Teig einfüllen, glatt streichen und im vorgeheizten Backofen bei 200 °C (Gas Stufe 3, Umluft 180 °C) etwa 45 Minuten backen. Herausnehmen, etwas auskühlen lassen, auf ein Kuchengitter setzen, mit Puderzucker besieben.

**Variante:**

Der Kuchen schmeckt auch mit Zitronen- oder Schokoladenglasur.

**Für die Zitronenglasur**
200 g Puderzucker sieben und mit 1 EL Zitronensaft und 1 TL weicher Butter verrühren.

**Für die Schokoladenglasur**
200 g Puderzucker sieben und mit 3 EL Kakaopulver, 2 EL heißem Wasser und 1 TL Butter verrühren. Den Napfkuchen damit überziehen.

# Hefe-Aschkuchen Panettone

**HEFE-ASCHKUCHEN**
250 g Rosinen
3 EL Weinbrand
500 g Mehl
40 g Hefe, 150 g Zucker
100 ml lauwarme Milch
150 g weiche Butter
3 Eier, 1 Prise Salz
1 EL fein geschnittenes Zitronat
100 g gehackte Mandeln
Mehl zum Bearbeiten
Butter für die Form

**Außerdem:**
250 g Puderzucker
3 EL Kakao
2–3 EL heißes Wasser
25–30 g Kokosfett

**PANETTONE**
500 g Mehl
35 g Hefe, 125 g Zucker
150 ml lauwarme Milch
je 50–80 g Zitronat, Orangeat, kandierte Kirschen
80–100 g Rosinen
175 g Butter
2 Eigelb, 2 Eier
1 Prise Salz
1 Prise Muskatnuss
1 TL abgeriebene unbehandelte Orangenschale
Butter für die Backform
Puderzucker zum Besieben

***Tipp:***
*Eine Souffléform (16 cm Ø) mit Backpapier so auslegen, dass das Papier über den Rand hinausragt*

**HEFE-ASCHKUCHEN**

Die Rosinen waschen, abtropfen lassen, mit Weinbrand begießen. Das Mehl in eine Schüssel sieben, in die Mitte eine Mulde drücken. Die Hefe mit 1 TL Zucker in etwas lauwarmer Milch verquirlen und in die Mulde gießen. Etwas Mehl vom Mehlrand einrühren und einen Vorteig bereiten. Zugedeckt 20 Minuten gehen lassen.

Den restlichen Zucker, die Butter in Flöckchen, Eier und Salz auf den Mehlrand geben, von der Mitte her alle Zutaten zu einem glatten Teig verkneten, dabei die restliche Milch zugeben. Rosinen in Mehl wälzen und mit Zitronat und Mandeln zum Teig geben. 30 Minuten gehen lassen.

Den Teig durchkneten, in eine gebutterte Form füllen und weitere 15 Minuten gehen lassen. Im vorgeheizten Backofen bei 200 °C (Gas: Stufe 3, Umluft 180 °C) 45 bis 50 Minuten backen, die letzten 15 Minuten abdecken. Herausnehmen, 10 Minuten in der Form abkühlen lassen, auf ein Kuchengitter setzen.

Für die nicht zu flüssige Glasur Puderzucker und Kakao mit dem Wasser und Ei verrühren, das zerlassene Kokosfett unterrühren, den Kuchen damit überziehen.

**PANETTONE**

Das Mehl in eine Schüssel sieben, in die Mitte eine Mulde drücken. Die Hefe mit 1 TL Zucker in etwas lauwarmer Milch verquirlen, in die Mulde geben, etwas Mehl darüber streuen. Den Vorteig leicht verrühren. Zugedeckt 20 Minuten gehen lassen. Zitronat, Orangeat und kandierte Kirschen in kleine Würfel schneiden. Die Rosinen waschen, abtropfen lassen und mit dem restlichen Zucker, der Butter in Flöckchen, Eigelb, Eiern, Salz, Muskatnuss, Orangenschale, Orangeat, Zitronat und den Kirschen auf dem Mehlrand verteilen. Von der Mitte her alle Zutaten zu einem glatten Teig verkneten, dabei die restliche Milch zufügen. Zugedeckt 45 Minuten gehen lassen.

Den Teig nochmals durchkneten. Eine hohe Backform ausbuttern, den Teig einfüllen und die Oberfläche mit einem Messer kreuzweise einschneiden. Im vorgeheizten Backofen bei 180 °C (Gas: Stufe 2, Umluft 160 °C) etwa 75 Minuten backen. Herausnehmen, 10 Minuten in der Form abkühlen lassen, aus der Form nehmen und auf ein Kuchengitter setzen. Mit Puderzucker besieben.

# Stollen nach Dresdner Art

300–400 g Sultaninen
150–200 g Korinthen
6 EL Rum
750 g Mehl
80 g Hefe
125 g Zucker
¼ Liter lauwarme Milch
100–125 g Zitronat
100–125 g Orangeat
2 Päckchen Vanillezucker
1 EL abgeriebene unbehandelte Zitronenschale
½ TL Salz
300 g Butterschmalz
150 g gehackte Mandeln
Butter und Mehl für das Backblech

**Außerdem:**
200 g Butter
3 EL Zucker
200–250 g Puderzucker

***Tipp:***
*Der Stollen wird auch mit weniger fruchtigen Zutaten gut, ist dann allerdings kein traditionell Dresdner mehr – eben sparsamer. Für die Extreme kennt der Volksmund zwei Namen: „Schreistollen", bei dem sich die Rosinen weit auseinander befinden, doch im „Flüsterstollen" liegen sie dicht bei dicht beieinander.*

Sultaninen und Korinthen waschen, abtropfen lassen, mit Rum begießen und über Nacht durchziehen lassen.
Am Backtag das Mehl in eine Schüssel sieben, in die Mitte eine Vertiefung drücken. Die Hefe mit 1 Teelöffel Zucker in ⅛ Liter lauwarmer Milch verquirlen, in die Vertiefung gießen, etwas Mehl vom Rand einrühren und einen breiartigen Vorteig herstellen. Zugedeckt an einem warmem Ort 30 Minuten gehen lassen.
Zitronat und Orangeat in kleine Würfel schneiden und mit dem restlichen Zucker, Vanillezucker, Zitronenschale, Salz, Butterschmalz in Flöckchen, Mandeln, Sultaninen und Korinthen auf dem Mehlrand verteilen. Von der Mitte her die Zutaten zu einem glatten und glänzenden Teig verkneten, dabei die restliche Milch einarbeiten. Zugedeckt an einem warmen Ort 90 Minuten gehen lassen.
Den Teig nochmals durchkneten und in 2 Teigstücke teilen. Die Teigstücke zu länglichen Broten formen, längs etwas einkerben und auf ein gebuttertes, leicht bemehltes Backblech geben. Nochmals 30 Minuten gehen lassen.
Im vorgeheizten Backofen bei 200 °C (Gas: Stufe 3, Umluft 180 °C) etwa 55 Minuten backen.
Kurz vor Ende der Backzeit die Butter zerlassen. Die Stollen herausnehmen und sofort mit der Hälfte der zerlassenen Butter bestreichen, mit Zucker bestreuen und mit der Hälfte des Puderzuckers besieben. Die restliche Butter darüber streichen und den restlichen Puderzucker darüber sieben.

*Dresdner Stollen sind weltberühmt. Deshalb präsentiert sich alljährlich auf dem Dresdner Strietzelmarkt ein aus edelsten Zutaten hergestelltes Stollenmonster: 4 Meter lang, 1,65 Meter breit, 70 Zentimeter hoch. Wenn dieses Backwerk aufgeschnitten wird, muss man einfach dabei sein und kosten. Bei seiner Herstellung ist man sehr vorsichtig, damit er nicht auseinander bricht. Denn das wäre – siehe Tipp – die dritte Sorte Stollen: der „Unglücksstollen".*

# Mohnstollen
# Mandelstollen

**MOHNSTOLLEN**
**Teig:** 500 g Mehl
40 g Hefe, 100 g Zucker
1/4 Liter lauwarme Milch
1 TL abgeriebene unbehandelte Zitronenschale
180 g Butterschmalz
1 Prise Salz
150 g gemahlene Mandeln
Mehl zum Bearbeiten
Butter für das Backblech

**Füllung:** 1/8 Liter Milch
1/8 Liter Schlagsahne
3 EL Zucker
500 g gemahlener Mohn
1 EL Grieß
1 TL abgeriebene unbehandelte Orangenschale
je 100 g Sultaninen und Korinthen, 1 TL fein geschnittenes Zitronat
1 Messerspitze Zimt
1 EL Rum, 100 g Butter
150 g Puderzucker

**Mandelstollen**
700 g Mehl, 45 g Hefe
25 g Zucker
1/4 Liter lauwarme Milch
200 g Butterschmalz
3 Eier
225 g gemahlene Mandeln, darunter 4 bittere
1 TL abgeriebene unbehandelte Orangenschale
je 50 g fein geschnittenes Zitronat und Orangeat
1 kräftige Prise Salz
Mehl, gut 150 g Butter
150 g Puderzucker

**MOHNSTOLLEN**

Das Mehl in eine Schüssel sieben, in die Mitte eine Mulde drücken. Hefe und 1 TL Zucker in 1/8 Liter lauwarmer Milch verrühren, in die Mulde gießen. Etwas Mehl vom Rand zugeben, einen breiartigen Vorteig bereiten. Zugedeckt an warmem Ort 20 Minuten gehen lassen.
Auf dem Mehlrand restlichen Zucker, Zitronenschale, Butterschmalz in Flöckchen, Salz und Mandeln verteilen. Von der Mitte her die Zutaten zu einem geschmeidigen Teig verkneten, die restliche Milch einarbeiten. Zugedeckt 45 Minuten an warmem Ort gehen lassen. Inzwischen die Mohnfüllung bereiten. Milch, Sahne und Zucker unter Rühren erhitzen, Mohn, Grieß und Orangenschale zugeben, unter Rühren einige Male aufwallen lassen. Vom Herd nehmen. Gewaschene, abgetropfte Sultaninen und Korinthen, Zitronat, Zimt und Rum einrühren. Auf etwa 20 °C abkühlen lassen.
Den Teig erneut durchkneten, auf bemehlter Fläche fingerdick ausrollen. Die Mohnmasse aufstreichen, Teig aufrollen. 10 Minuten gehen lassen. Ein Blech ausbuttern, die Stolle auflegen und im vorgeheizten Backofen bei 200 °C (Gas: Stufe 3, Umluft 180 °C) etwa 1 Stunde backen. Herausnehmen, mit Butter bestreichen, mit Puderzucker besieben.

**MANDELSTOLLEN**

Das Mehl in eine Schüssel sieben, in die Mitte eine Mulde drücken. Hefe und 1 TL Zucker in 1/8 Liter lauwarmer Milch verquirlen, in die Mulde gießen, etwas Mehl vom Rand einrühren, einen Vorteig herstellen. Zugedeckt 20 Minuten an warmem Platz gehen lassen.
Auf dem Mehlrand restlichen Zucker, Butterschmalz in Flöckchen, Eier, Mandeln, Orangenschale, Zitronat, Orangeat und Salz verteilen. Die Zutaten von der Mitte her zu einem geschmeidigen Teig verkneten, die restliche Milch zufügen. Zugedeckt 1 Stunde gehen lassen.
Den Teig mit bemehlten Händen erneut durchkneten. Ein Blech ausbuttern, den Stollen auflegen. 20 Minuten gehen lassen. Im vorgeheizten Backofen bei 200 °C (Gas: Stufe 3, Umluft 180 °C) etwa 1 Stunde backen. Herausnehmen, mit Butter bestreichen, mit Puderzucker besieben.

# Marzipanstollen

**Für den Teig:**
je 100 g Sultaninen und Korinthen
4 EL Rum
600 g Mehl
40 g Hefe, 100 g Zucker
¼ Liter lauwarme Milch
100 g Butter
150 g Butterschmalz
je 50 g fein geschnittenes Zitronat und Orangeat
100 g gehackte Mandeln, darunter 2 bittere
1 TL abgeriebene unbehandelte Zitronenschale
Mehl zum Bearbeiten
Butter für das Backblech

**Für die Füllung:**
200 g Marzipan-Rohmasse
100 g Puderzucker
2 TL Rum
3 EL Schlagsahne
je 1 EL gemahlene Haselnüsse, Mandeln, Kokosflocken
je 50 g fein geschnittene getrocknete Aprikosen und Pflaumen

**Außerdem:**
150 g Butter
150 g Puderzucker

**Für den Teig** Sultaninen und Korinthen waschen, abtropfen lassen, mit Rum begießen. Das Mehl in eine Schüssel sieben, in die Mitte eine Mulde drücken. Hefe und 1 Teelöffel Zucker in ½ Liter lauwarmer Milch verquirlen, in die Vertiefung gießen, etwas Mehl vom Rand einrühren, einen Vorteig herstellen. Zugedeckt an einem warmen Ort 20 Minuten gehen lassen.
Den restlichen Zucker, Butter und Butterschmalz in Flöckchen, Zitronat, Orangeat, Mandeln, Zitronenschale, Sultaninen und Korinthen auf dem Mehlrand verteilen. Von der Mitte her die Zutaten verkneten, dabei die restliche Milch zufügen. Den Teig kräftig durchkneten. Zugedeckt nochmals 1 Stunde gehen lassen.

**Für die Füllung** Marzipan, Puderzucker, Rum, Schlagsahne, Haselnüsse, Mandeln, Kokosflocken, Aprikosen und Pflaumen verkneten und zu einer Rolle formen. Den Teig durchkneten und auf bemehlter Fläche zu einem Rechteck ausrollen. Die Marzipanrolle auflegen, den Teig aufrollen und weitere 15 Minuten gehen lassen.

Ein Backblech ausbuttern, den Stollen auflegen. Im vorgeheizten Backofen bei 200 °C (Gas: Stufe 3, Umluft 180 °C) etwa 1 Stunde backen.
Kurz vor Ende der Backzeit die Butter zerlassen. Den Stollen herausnehmen, sofort mit Butter bepinseln und mit Puderzucker besieben.

*Marzipan, dieser wunderbar süßen Masse aus Mandeln und Zucker, haftet ein Hauch Exotik an. Den Namen bekam die Nascherei von der Verpackung. Das waren kleine Schachteln namens „mazaban“. Schon vor tausend Jahren war die aus dem Orient eingeführte Gaumenlust begehrt beim Adel und bei all denen, die sie sich leisten konnten. Die berühmtesten Marzipan-Delikatessen – begehrt bei Jung und Alt – kommen aus Lübeck.*

# Zweierlei Quarkstollen

## Quarkstollen

500 g Mehl
1 Päckchen Backpulver
125 g Zucker, 2 Eier
1 TL abgeriebene unbehandelte Zitronenschale
1 Prise Salz
250 g abgetropfter Quark (20 %)
4 EL Rum, 125 g Butter
150 g Sultaninen
je 1 EL fein geschnittenes Zitronat und Orangeat
100 g gehackte Mandeln
Mehl zum Bearbeiten
120 g Butter, 150 g Puderzucker

## Quarkstollen mit Mohnfüllung

150 g Sultaninen, je 50 g Zitronat und Orangeat
500 g Mehl
1 Päckchen Backpulver
125 g Zucker, 2 Eier
1 TL abgeriebene unbehandelte Zitronenschale
100 g weiche Butter
250 g abgetropfter Quark (20 %), Salz
125 g gehackte Mandeln
Mehl zum Bearbeiten
Butter für das Backblech

**Füllung:** 300 g gemahlener Mohn, 1/8 Liter Milch
100 ml Schlagsahne
2 Eier, 100 g Zucker
100 g gehackte Mandeln
2 EL Rum, 100 g Butter
150 g Puderzucker

## Quarkstollen

Mehl und Backpulver vermischen und in eine Schüssel sieben. In die Mitte eine Vertiefung drücken. Zucker, Eier, Zitronenschale und Salz in die Vertiefung drücken und mit etwas Mehl vermischen. Quark, Rum und Butter einarbeiten.

Die Sultaninen in Mehl wälzen und mit dem Zitronat, Orangeat und den Mandeln unterkneten. 1 Stunde kühl stellen.

Den Teig auf bemehlter Fläche durchkneten und in Stollenform bringen. Ein Backblech ausbuttern, den Quarkstollen auflegen. Im vorgeheizten Backofen bei 200 °C (Gas: Stufe 3, Umluft 180 °C) etwa 55 Minuten backen.

Herausnehmen, mit Butter bestreichen und mit Puderzucker besieben.

## Quarkstollen mit Mohnfüllung

**Für den Teig** die Sultaninen waschen und trockentupfen. Das Zitronat und das Orangeat in kleine Würfel schneiden. Mehl und Backpulver vermischen und in eine Schüssel sieben, in die Mitte eine Mulde drücken. Zucker, Eier, Zitronenschale, Butter, Quark und Salz in die Mulde geben. Alle Zutaten gut verkneten. Die Sultaninen in Mehl wälzen und mit Zitronat, Orangeat und Mandeln in den Teig einarbeiten. Den Teig 1 Stunde kalt stellen.

**Für die Füllung** den Mohn in eine Schüssel geben. Milch und Sahne erhitzen, den Mohn damit überbrühen. Auskühlen lassen. Eier, Zucker, Mandeln und Rum unterrühren. Den Teig auf bemehlter Fläche ausrollen, mit der Mohnmasse bestreichen und aufrollen. Ein Backblech ausbuttern, die Mohnrolle mit der Teignaht nach unten auflegen. Im vorgeheizten Ofen bei 200 °C (Gas Stufe 3, Umluft 180 °C) etwa 1 Stunde backen. Herausnehmen, sofort mit Butter bestreichen und mit Puderzucker besieben.

# Früchtekuchen Teekuchen

### FRÜCHTEKUCHEN

**Teig:** 125 g Sultaninen
125 g Korinthen, 5 EL Rum, 500 g Mehl
40 g Hefe, 125 g Zucker
200 ml lauwarme Milch
4 Eier, 1 Päckchen Vanillezucker
1 TL abgeriebene unbehandelte Zitronenschale
1 Prise Salz
200 g Butterschmalz
je 80 g fein gehacktes Orangeat und Zitronat
80 g klein geschnittene kandierte Kirschen
100 g gehackte Mandeln
Mehl zum Bearbeiten
Butter für die Springform

**Außerdem:**
4 EL Aprikosenkonfitüre
250 g Puderzucker
½ Eiweiß, 1 EL Zitronensaft, fein geschnittene Orangenschale

### TEEKUCHEN

je 100 g Korinthen und Sultaninen
4 EL Weinbrand
je 75 g Zitronat und getrocknete Aprikosen
6 Eier, 175 g Butter, 150 g Zucker, je 1 Prise Salz, Zimt und Ingwer
1 TL abgeriebene unbehandelte Zitronenschale
250 g Mehl, 2 EL Stärkemehl, 2 gestrichene TL Backpulver, 8 EL Weinbrand, Hagelzucker zum Bestreuen

### FRÜCHTEKUCHEN

Sultaninen und Korinthen waschen, abtropfen lassen und mit Rum begießen. Das Mehl in eine Schüssel sieben, in die Mitte eine Vertiefung drücken. Die Hefe mit 1 Teelöffel Zucker in etwas lauwarmer Milch verrühren, in die Vertiefung gießen, etwas Mehl vom Rand zugeben und einen Vorteig herstellen. Zugedeckt an einem warmen Ort 20 Minuten gehen lassen.
Auf dem Mehlrand den restlichen Zucker, Eier, Vanillezucker, Zitronenschale, Salz, Butterschmalz in Flöckchen, Orangeat, Zitronat, kandierte Kirschen, Sultaninen, Korinthen und Mandeln verteilen. Von der Mitte her die Zutaten verkneten, dabei die restliche Milch einarbeiten. Den Teig gut durchkneten. Zugedeckt 1 Stunde gehen lassen.
Den Teig nochmals mit bemehlten Händen durchkneten. Eine Springform ausbuttern, den Teig hineingeben und glatt streichen. Im vorgeheizten Backofen bei 180 °C (Gas: Stufe 2, Umluft 160 °C) etwa 1 Stunde backen. Herausnehmen, noch 10 Minuten in der Form lassen, dann auf ein Kuchengitter setzen und mit Aprikosenkonfitüre überziehen. Den Kuchen auskühlen lassen. Puderzucker sieben und mit Eiweiß und Zitronensaft verrühren. Den Kuchen damit überziehen und mit Orangenschale garnieren.

### TEEKUCHEN

Korinthen und Sultaninen waschen, trockentupfen und mit Weinbrand beträufeln. Aprikosen und Zitronat fein schneiden. Die Eier trennen. Butter und Zucker in einer Schüssel schaumig schlagen. Nach und nach Eigelb, Korinthen und Sultaninen, Aprikosen, Zitronat, Salz, Zimt, Ingwer und Zitronenschale unterrühren. Mehl, Stärkemehl und Backpulver vermischen und ebenfalls unterrühren. Das Eiweiß steif schlagen und unterheben. Ein Backblech mit Backpapier auslegen, den Teig darauf geben und im vorgeheizten Backofen bei 200 °C (Gas: Stufe 3, Umluft 180 °C) etwa 25 Minuten backen.
Herausnehmen, etwas auskühlen lassen, mit Weinbrand beträufeln und mit Hagelzucker bestreuen.

# Hutzelbrot

je 60 g Sultaninen und Korinthen
2 EL Rum
750 g Mehl
50 g Hefe
100 g Zucker
1 Prise Salz
je 1 Messerspitze Zimt und geriebene Muskatnuss
1 TL Lebkuchengewürz
750 g Birnen
120 g gemahlene Mandeln
120 g gehackte Haselnüsse
je 35–40 g klein geschnittenes Zitronat und Orangeat
8 klein geschnittene Feigen
6 fein geschnittene Datteln
Mehl zum Bearbeiten
Butter für das Backblech

Die Sultaninen und Korinthen waschen, abtropfen lassen, mit Rum begießen. Das Mehl in eine Schüssel sieben, in die Mitte eine Vertiefung drücken. Die Hefe zerbröckeln und mit 1 Teelöffel Zucker in ¼ Liter lauwarmem Wasser verrühren, in die Vertiefung gießen, etwas Mehl vom Rand zufügen, einen Vorteig bereiten. Zugedeckt 20 Minuten an einem warmen Ort gehen lassen.

Auf den Mehlrand den restlichen Zucker, Salz, Zimt, Muskat und Lebkuchengewürz geben.

Von der Mitte her die Zutaten zu einem geschmeidigen Teig verkneten, dabei noch ¼ Liter lauwarmes Wasser zugeben. Zugedeckt 1 Stunde an einem warmen Ort gehen lassen.

Die Birnen schälen, in Viertel schneiden, dabei das Kernhaus entfernen und bissfest kochen. Abtropfen lassen. Den aufgegangenen Teig mit bemehlten Händen durchkneten, Mandeln, Haselnüsse, Zitronat, Orangeat, Sultaninen, Korinthen, Birnen, Feigen und Datteln unterkneten. Nochmals 1 Stunde gehen lassen. Den Teig zu einem Brot formen. Ein Backblech ausbuttern, das Hutzelbrot auflegen und im vorgeheizten Backofen bei 120 °C 2 Stunden backen.

# Apfel-Zwiebel-Kuchen Tomaten-Käsekuchen

## APFEL-ZWIEBEL-KUCHEN

500 g Mehl
30 g Hefe
½ TL Zucker
8 EL Olivenöl, Salz
1,5 kg Gemüsezwiebeln
4 frische Lorbeerblätter
6 Äpfel, Saft von 1 Zitrone
250 g Crème fraîche,
6 Eier
125 g gehackte Walnusskerne
3 Zweige Rosmarin

## TOMATEN-KÄSEKUCHEN

**Für den Teig:**
4 mittelgroße Zwiebeln
50 g Butterschmalz
30 g Hefe, 1 Prise Zucker
½ Liter lauwarme Milch
500 g Mehl, Salz

Butter für das Backblech
Mehl zum Bearbeiten

**Für den Belag:**
1,5 kg Tomaten
1 Zweig Rosmarin
2 EL Tomatenmark
150 g Roquefort
200 g Reibekäse

## APFEL-ZWIEBEL-KUCHEN

Das Mehl in eine Schüssel sieben, in die Mitte eine Vertiefung drücken. Die Hefe mit dem Zucker in ¼ Liter lauwarmem Wasser verquirlen und in die Vertiefung gießen. Von der Mitte her einen Teig kneten, dabei 2 Esslöffel Olivenöl und etwas Salz zugeben. Zugedeckt 30 Minuten gehen lassen.
Die Zwiebeln schälen und in dünne Scheiben schneiden.
Das restliche Öl erhitzen, die Zwiebelscheiben hineingeben, die Lorbeerblätter zufügen, alles 15 Minuten dünsten.
Die Äpfel schälen, in Spalten schneiden, dabei das Kernhaus entfernen, mit Zitronensaft beträufeln.
Den Teig durchkneten und ausrollen. Ein Backblech ausbuttern, den Teig auflegen. Die Zwiebeln und die Apfelspalten auf den Teig geben.
Crème fraîche und Eier verrühren und darüber gießen. Walnüsse und Rosmarin aufstreuen. Im vorgeheizten Backofen bei 200 °C (Gas: Stufe 3, Umluft 180 °C) etwa 25 Minuten backen.

## TOMATEN-KÄSEKUCHEN

**Für den Teig** die Zwiebeln schälen, fein hacken und im erhitzten Butterschmalz goldgelb rösten. Vom Herd nehmen und auskühlen lassen.
Hefe und Zucker in ⅛ Liter lauwarmer Milch verquirlen. Das Mehl in eine Schüssel sieben, in die Mitte eine Mulde drücken, die Hefemilch hineingießen, mit Mehl bestreuen. Zugedeckt 20 Minuten gehen lassen.
Salz und Zwiebeln auf dem Mehlrand verteilen. Von der Mitte her die Zutaten zu einem glatten Teig verkneten, dabei die restliche Milch zufügen.
**Für den Belag** die Tomaten überbrühen, die Haut abziehen, den Stielansatz entfernen, dann die Tomaten in Scheiben schneiden. Die Rosmarinnadeln abzupfen.
Ein Backblech ausbuttern. Den Teig durchkneten, auf bemehlter Fläche ausrollen und auf das Backblech geben. Einen Rand hochziehen, den Teig mit einer Gabel mehrmals einstechen und mit Tomatenmark bestreichen.
Die Tomatenscheiben auflegen, zerkrümelten Roquefort, Reibekäse und Rosmarinnadeln aufstreuen. Im vorgeheizten Ofen bei 200 °C (Gas: Stufe 3, Umluft 180 °C) etwa 30 Minuten backen.

# Speckkuchen Schnittlauchkuchen

**SPECKKUCHEN**
**Für den Teig:**
200 g abgetropfter Quark (20 %)
1 Ei, 6 EL Milch
⅛ Liter Öl, 1 Prise Salz
400 g Mehl
1 Päckchen Backpulver

Mehl zum Bearbeiten
Butter für das Backblech

**Für den Belag:**
500 g durchwachsener Speck
500 g Zwiebeln
1 EL Kümmel
400 g Schmand, 4 Eier

**SCHNITTLAUCH-KUCHEN**
**Für den Teig:**
150 g Quark (20 %), 1 Ei
6 EL Milch, ⅛ Liter Öl
1 Prise Salz
350 g Mehl, 3 gestrichene TL Backpulver
Mehl zum Bearbeiten
Butter für das Backblech

**Für den Belag:**
4 Bund Schnittlauch
100 g Salami
150 g gekochter Schinken
200 g Schinkenspeck
4 Eier
400 g dicke saure Sahne
Salz

**SPECKKUCHEN**

**Für den Teig** den Quark durch ein Sieb in eine Schüssel streichen. Ei, Milch, Öl und Salz einrühren. Mehl und Backpulver vermischen und nach und nach in die Quarkmasse einarbeiten. Auf bemehlter Fläche ausrollen. Ein Backblech ausbuttern, den Teig auflegen und einen Rand hochziehen.

**Für den Belag** den Speck in kleine Würfel schneiden. Die Zwiebeln schälen, fein schneiden, mit dem Speck und dem Kümmel vermischen. Die Speckmischung auf dem Teig verteilen. Schmand und Eier verquirlen und ebenfalls auf den Teig geben. Im vorgeheizten Backofen bei 200 °C (Gas: Stufe 3, Umluft 180 °C) etwa 25 Minuten backen.

**SCHNITTLAUCHKUCHEN**

**Für den Teig** den Quark durch ein Sieb in eine Schüssel streichen. Ei, Milch, Öl und Salz unterrühren. Mehl und Backpulver vermischen und nach und nach in die Quarkmischung einarbeiten. Gut verkneten. Auf bemehlter Fläche ausrollen. Ein Backblech ausbuttern, den Teig auflegen, einen Rand hochziehen.

**Für den Belag** den Schnittlauch waschen und abtropfen lassen. Den Schnittlauch in kleine Röllchen, Salami, gekochten Schinken und Schinkenspeck in kleine Würfel schneiden und auf dem Teig verteilen. Die Eier mit der sauren Sahne und einer kräftigen Prise Salz verquirlen und über den Teig ziehen. Im vorgeheizten Backofen bei 200 °C (Gas: Stufe 3, Umluft 180 °C) etwa 25 Minuten backen.

**Variante:**
Wer einen vegetarischen Kuchen mag, nimmt etwas mehr Schnittlauch und lässt Salami, Schinken und Schinkenspeck weg, sollte dann aber zusätzlich mit Pfeffer und eventuell etwas mehr Salz würzen.

# Schmand-Zwiebelkuchen Sauerkrautkuchen

**SCHMAND-ZWIEBEL-KUCHEN**
**Für den Teig:**
150 g abgetropfter Quark
1 Ei, 1 Prise Salz
6 EL Milch, 1/8 Liter Öl
400 g Mehl
3 gestrichene TL Backpulver
Mehl zum Bearbeiten
Butter für das Backblech

**Für den Belag:**
nach Belieben 250 g durchwachsener Speck
1 kg Zwiebeln, 3 EL Öl
400 g Schmand, 4 Eier
30 g Stärkemehl
1 EL Kümmel, Salz
frisch gemahlener schwarzer Pfeffer

**SAUERKRAUTKUCHEN**
1 kg Mehl
60 g Hefe
1 kräftige Prise Zucker
knapp 1/2 Liter lauwarme Milch
150 g weiche Butter
2 Eier
1 TL Salz
5 Zwiebeln
1,5 kg Sauerkraut
40 g Butterschmalz
250 g Schinkenspeck
Mehl zum Bearbeiten
Butter für das Backblech
2 Eigelb und 2 EL Milch zum Bestreichen

## SCHMAND-ZWIEBELKUCHEN

**Für den Teig** den Quark durch ein Sieb in eine Schüssel streichen. Ei, Salz, Milch und Öl einrühren. Mehl und Backpulver vermischen und nach und nach in die Quarkmasse einarbeiten. Gut verkneten. Auf bemehlter Fläche ausrollen. Ein Backblech ausbuttern, den Teig darauf geben, einen Rand hochziehen.

**Für den Belag** den Speck klein würfeln. Die Zwiebeln schälen, in feine Ringe schneiden. Öl erhitzen, Speck und Zwiebeln darin 5 Minuten dünsten, auskühlen lassen. – Der Belag gelingt auch ohne Speck.

Schmand, Eier, Stärkemehl und Kümmel verrühren und mit Salz und Pfeffer abschmecken. Die Speck-Zwiebel-Mischung auf den Teig geben. Die Schmand-Eier-Masse darüber gießen. Den Kuchen im vorgeheizten Ofen bei 200 °C (Gas: Stufe 3, Umluft 180 °C) etwa 35 Minuten backen.

## SAUERKRAUTKUCHEN

Das Mehl in eine Schüssel sieben, eine Mulde hineindrücken. Zerbröckelte Hefe und Zucker in 1/8 Liter lauwarmer Milch verrühren, in die Mulde gießen, etwas Mehl vom Rand einrühren und einen breiartigen Vorteig herstellen. Zugedeckt an warmem Platz 30 Minuten gehen lassen. Auf dem Mehlrand die Butter in Flöckchen, Eier und Salz verteilen. Die Zutaten von der Mitte her zu einem glatten Teig verkneten, die restliche Milch zugeben. Den Teig kräftig durchkneten, erneut zugedeckt 30 Minuten gehen lassen.

Inzwischen die Zwiebeln schälen und klein würfeln. Das Sauerkraut fein hacken. In einem Topf das Butterschmalz erhitzen, die Zwiebeln hineingeben und glasig werden lassen. Das Sauerkraut zugeben, 10 Minuten schmoren, anschließend auskühlen lassen. Den Schinkenspeck in feine Scheiben schneiden. Den Teig auf bemehlter Fläche durchkneten und halbieren. Ein hohes Backblech ausbuttern. Eine Teighälfte ausrollen und auf das Backblech legen. Einen Rand hochziehen. Das Sauerkraut auf die Teigplatte geben. Die Speckscheiben darauf verteilen. Die andere Teighälfte ausrollen, auf das Kraut legen, die Ränder fest andrücken. Eigelb und Milch verquirlen und den Kuchen damit bepinseln. Im vorgeheizten Backofen bei 200 °C (Gas: Stufe 3, Umluft 180 °C) etwa 30 bis 35 Minuten backen.

# Würzig mit Kartoffeln und Roquefort

**KARTOFFELKUCHEN**
6 Zwiebeln, 125 g Butter

**Teig:** 500 g Kartoffeln
400 g Mehl
40 g Hefe, ½ TL Zucker
200 ml lauwarme Milch
2 Eier, 2 EL Kümmel

Butter und Semmelbrösel für das Backblech
Mehl zum Bearbeiten

**Belag:** 5 säuerliche Äpfel (400 g), 1 Zwiebel
750 g Blutwurst
4 EL gehackte Kräuter (Majoran, Petersilie, Schnittlauch)
Salz, frisch gemahlener weißer Pfeffer

**Guss:** 500 g Schmand
6 Eigelb
200 ml Schlagsahne
1 EL Stärkemehl, Salz

**ROQUEFORT-KUCHEN**
4 mittelgroße Zwiebeln
8 EL Olivenöl
15 g Hefe, 1 Prise Zucker
400 g Mehl
1 kg Tomaten
1 Zweig Rosmarin
3 EL Tomatenmark
300 g Roquefort
125 g geriebener Parmesan
Butter für das Backblech

**KARTOFFEL-KUCHEN**
Die Zwiebeln schälen und fein hacken. 50 g Butter erhitzen, die Zwiebeln darin bräunen und auskühlen lassen.
Die Kartoffeln mit der Schale kochen, garen, pellen und grob reiben. Das Mehl in eine Schüssel sieben, eine Mulde hineindrücken. Die Hefe mit dem Zucker in ⅛ Liter lauwarmer Milch verquirlen, in die Mulde gießen. Etwas Mehl vom Rand einrühren, einen breiartigen Vorteig herstellen. Zugedeckt an warmem Ort 20 Minuten gehen lassen.
Von der Mitte die Zutaten zu einem glatten Hefeteig verkneten, dabei Eier, Kümmel, restliche Butter und Milch zugeben. Den Teig erneut zugedeckt 45 Minuten gehen lassen.
Ein Backblech ausbuttern und mit Semmelbröseln ausstreuen. Den Teig auf bemehlter Fläche durchkneten, ausrollen, auf das Backblech legen, ringsum einen Rand hochziehen. Den Teig mit einer Gabel mehrmals einstechen.
Äpfel schälen, in kleine Würfel schneiden, dabei Kernhaus entfernen. Die Blutwurst klein würfeln. Blutwurst, Äpfel, geriebene Kartoffeln, Zwiebeln und Kräuter auf dem Teig verteilen. Mit Salz und Pfeffer bestreuen.
**Für den Guss** Schmand und Eigelb verrühren. Schlagsahne und Stärkemehl verrühren und mit Salz zum Schmand geben. Den Kuchen damit überziehen. Im vorgeheizten Ofen bei 200 °C (Gas: Stufe 3, Umluft 180 °C) etwa 40 Minuten backen.

**ROQUEFORT-KUCHEN**
Die Zwiebeln schälen, fein schneiden und in 3 EL erhitztem Öl goldgelb braten.
Hefe mit 1 Prise Zucker in ⅛ Liter lauwarmem Wasser verquirlen. 10 Minuten zugedeckt stehen lassen. – Mehl und restliches Öl zufügen, alles zu einem glatten Teig verkneten. Die ausgekühlten Zwiebeln untermischen. Zugedeckt an warmem Ort 30 Minuten gehen lassen.
Die Tomaten überbrühen, häuten, Stielansatz entfernen, in Scheiben schneiden. Rosmarin abzupfen. Ein Backblech ausbuttern. Den Teig durchkneten, ausrollen und auf ein gebuttertes Backblech geben. Tomatenmark aufstreichen, die Tomatenscheiben auflegen. Zerkrümelten Roquefort, Rosmarinnadeln und Parmesan darüber streuen. Im vorgeheizten Ofen bei 200 °C etwa 20 Minuten backen.

# Speckrolle
# Spargelkuchen

## SPECKROLLE

**Teig:** 400 g mehlig kochende Kartoffeln
500 g Mehl
50 g Hefe, ½ TL Zucker
¼ Liter lauwarme Milch
2 Eier, 250 g abgetropfter Quark, ½ TL Salz

Mehl zum Bearbeiten
Butter für das Backblech

**Füllung:** 400 g durchwachsener Speck
600 g Zwiebeln
30 g Butterschmalz
200 g Reibekäse
4 EL gehackte Kräuter nach Belieben
**Außerdem:** 2 Eigelb
2 EL Milch
4 EL Kürbiskerne

## SPARGELKUCHEN

**Teig:** 500 g Mehl, 2 gestrichene TL Backpulver
1 Eigelb, 2 Eiweiß, 2 EL Milch, ½ TL Salz, frisch gemahlener weißer Pfeffer
300 g kalte Butter

Mehl zum Bearbeiten
Butter für das Backblech

**Belag:** 1,5 kg gekochter grüner Spargel
⅛ Liter Spargelbrühe
⅛ Liter Schlagsahne
8 Eier, Salz, je 3 EL Kerbel und Petersilie, frisch gewiegt

## SPECKROLLE

**Für den Teig** die Kartoffeln in der Schale kochen, pellen und durch die Kartoffelpresse geben. Das Mehl in eine Schüssel sieben, in die Mitte eine Mulde drücken. Hefe und Zucker in etwas lauwarmer Milch verrühren, in die Mulde gießen, etwas Mehl vom Rand hineingeben und zu einem breiartigen Vorteig verrühren. Zugedeckt an warmem Platz 20 Minuten gehen lassen.
Auf dem Mehlrand Eier, Quark und Salz verteilen. Die Zutaten von der Mitte her zu einem glatten Teig verkneten, die restliche Milch einarbeiten. Zugedeckt 30 Minuten gehen lassen.
**Für die Füllung** den Speck klein würfeln. Die Zwiebeln schälen und fein hacken. In erhitztem Butterschmalz Speck und Zwiebeln 5 Minuten rösten, auskühlen lassen.
Den Teig durchkneten und ausrollen. Zwiebeln und Speck mit dem Bratfett darauf verteilen, Reibekäse und Kräuter darüber streuen. Den Teig aufrollen. Ein Backblech ausbuttern, die Hefe-Kartoffel-Rolle darauf geben. Eigelb und Milch verrühren, die Rolle damit bestreichen und mit Kürbiskernen verzieren. Im vorgeheizten Backofen bei 200 °C (Gas: Stufe 3, Umluft 180 °C) etwa 35 Minuten backen. Nach Belieben noch heiß oder ausgekühlt servieren.

## SPARGELKUCHEN

Mehl und Backpulver mischen, in eine Schüssel sieben, in die Mitte eine Mulde drücken. Eigelb, Eiweiß, Milch, Salz und Pfeffer in die Mulde geben, mit etwas Mehl bedecken und einen Brei herstellen.
Die Butter in Stücke schneiden, auf den Brei legen, mit Mehl bedecken und von der Mitte her die Zutaten gut verkneten. 30 Minuten kalt stellen.
Den Teig auf bemehlter Fläche ausrollen, dann auf ein gebuttertes Backblech legen.
**Für den Belag** die Spargelköpfe abschneiden, die Spargelenden in Stücke schneiden. Spargelköpfe und Spargelstücke auf dem Teig anordnen.
Spargelbrühe mit Sahne verrühren und einige Minuten einkochen. Vom Herd nehmen. Eier einrühren, Salz und Kräuter zufügen und die Mischung über dem Spargel verteilen. Im vorgeheizten Ofen bei 200 °C (Gas: Stufe 3, Umluft 180 °C) etwa 40 Minuten backen.

# Die Rezepte nach Gruppen

*Soweit in den Rezepten nichts anderes vermerkt ist, sind die Zutaten für vier Personen berechnet.*

***Abkürzungen:***
*EL = Esslöffel*
*TL = Teelöffel*
*g = Gramm*
*kg = Kilogramm*
*Msp. = Messerspitze*
*ml = Milliliter*
*gestr. = gestrichene/r*
*getr. = getrocknete/r*

## FRÜHSTÜCKSGEBÄCK



## KUCHEN VOM BLECH



## TORTEN UND TÖRTCHEN

**ASCHKUCHEN, STOLLEN, HERZHAFTE KUCHEN**

# Die Rezepte
## alphabetisch

*Soweit in den Rezepten nichts anderes vermerkt ist, sind die Zutaten für vier Personen berechnet.*

Bildquellen

Alle Bilder Sigloch Edition
Sigloch Edition/Bildarchiv: Hans Joachim Döbbelin 2, 18, 19, 25, 106; Feiler Fotostudio, Karlsruhe: 13, 17, 21, 23, 26/27, 50/51, 86/87, 158/159 und alle Rezeptfotos auf den ungeraden Seitenzahlen 29 bis 185; Achim Sperber: 7, 9

www.sigloch-edition-bildarchiv.com


Internet: www.sigloch.de

Printed in Latvia
Redaktionelle Bearbeitung: Friedhelm Messow
Reproduktion: Otterbach Digital World, Rastatt
Satz: Peter Hensel, P.H.Design
Druck: Preses Nams Corp. Jana seta Printing Group
Papier: 135g/m² Finesse 700 gloss, UPM Kymmene Fine Paper, Dörpen
Bindearbeiten: Sigloch Buchbinderei, Blaufelden
ISBN 3-89393-212-7